Uso
JUNIOR

Intermedio

Ramón Palencia

edelsa

GRUPO DIDASCALIA, S.A.
Plaza Ciudad de Salta, 3 - 28043 MADRID - (ESPAÑA)
TEL.: (34) 914.165.511 - (34) 915.106.710
FAX: (34) 914.165.411
e-mail: edelsa@edelsa.es
www.edelsa.es

Primera edición: 2002
Primera reimpresión: 2005
Segunda reimpresión: 2006
Tercera reimpresión: 2008

Dirección y coordinación editorial: Departamento de Edición de Edelsa.
Diseño de cubierta: Departamento de Imagen de Edelsa.
Diagramación y maquetación: Dolors Albareda.
Imprenta y encuadernación: EGEDSA, S.A.

Ilustraciones: Antonio Martín.

ISBN: 978-84-7711-553-3
Depósito legal: B-6167-2008

Impreso en España
Printed in Spain

Presentación

Uso *JUNIOR* es una gramática de español que consta de:

- 24 temas.
- 25 Actividades comunicativas.

En cada tema se trabaja un contenido gramatical a través de:

Viñetas de presentación

*Anoche **estudié** demasiado.*

Cuadros de gramática

	SINGULAR		PLURAL	
	MASCULINO	FEMENINO	MASCULINO	FEMENINO
(yo)	mi	mi	mis	mis
(tú)	tu	tu	tus	tus
(usted)	su	su	sus	sus
(él,ella)	su	su	sus	sus
(nosotros/as)	nuestro	nuestra	nuestros	nuestras
(vosotros/as)*	vuestro	vuestra	vuestros	vuestras
(ustedes)	su	su	sus	sus
(ellos/as)	su	su	sus	sus

* (ustedes) su, sus

Usos gramaticales

No se usa artículo:

- **Para indicar la profesión, detrás del verbo ser:**
  El padre de Rosa es profesor.

- **Con los meses del año:**
  Mi cumpleaños es en octubre.

- **Con expresiones con medios de transporte:**
  Me encanta viajar en tren.

Ejercicios

3. Observa la habitación.
   ¿Dónde están las cosas?

a. La guitarra *está debajo de la cama*.

b. Los zapatos ....

c. El ordenador ....

d. El hámster ....

e. La raqueta ....

f. Los libros ....

g. Los calcetines ....

h. Las gafas ....

Ejercicios (variante hispanoamericana)

8. Completa con la forma adecuada del verbo.

   buscar · comer · escribir · estudiar · mirar · tocar

   ¿Qué instrumento ....?   La guitarra. ¿Y vos?

   Yo .... el piano.

Actividades comunicativas para practicar de manera oral los contenidos gramaticales de cada tema.

16. ¿QUÉ ESTÁS HACIENDO?

Mímica

Haz algunas acciones con mímica. ¿Sabe tu compañero qué estás haciendo?

Estás nadando.

Índice

¿Quién es ése?

El padre de Rosa es **profesor**.

Es Zito Carlos, **un futbolista** brasileño.

¿Cuándo es tu cumpleaños?

El dos de **enero**.

¿Sabes jugar **al ajedrez**?

ARTÍCULOS

	Artículo indeterminado		Artículo determinado	
	SINGULAR	PLURAL	SINGULAR	PLURAL
MASCULINO	**un** amigo	**unos** amigos	**el** padre	**los** padres
FEMENINO	**una** manzana	**unas** flores	**la** madre	**las** amigas
Pero...	un aula, un ave		el agua, el águila	

a + el = **al**
Felipe juega muy bien al tenis.

NIVEL 1 ➤ TEMAS 5 Y 6

Usa *un, una, unos, unas...*

Usa *el, la, los, las...*

- **Para hablar de una persona o cosa como parte de una clase:**

  Es un futbolista brasileño.

- **Para indicar cantidad, uno o algunos:**

  Tengo una tortuga.
  Necesito unas hojas.

- **Para hablar de una persona o cosa única:**

  La madre de Andrés es alemana.

- **Para hablar de algo en sentido general:**

  La vaca da leche.
  Me encantan las uvas.

uso *JUNIOR* intermedio

- **Con los días de la semana:**

  El lunes tengo clase de piano.

  Pero... *Hoy es lunes.*

- **Con los días del mes:**

  El diecinueve de noviembre.

  - ¿Cuándo es el examen?
  • El día trece.

  Pero... *Hoy es doce de enero.*

- **Con las horas:**

  Es la una y cuarto.

  Son las doce y cinco.

- **Con los nombres de deportes y juegos:**

  Mi deporte preferido es la natación.

  ¿Sabes jugar a las cartas?

  Pero... hacer gimnasia, atletismo:
  Hago gimnasia todas las mañanas.

- **Con *tocar* + instrumentos:**

  Juan toca la guitarra.

  Pero... *Necesito una guitarra nueva.*

Además usa *el, la, los, las...*

No se usa artículo:

- **Para indicar la profesión, detrás del verbo *ser:***

  El padre de Rosa es profesor.

- **Con los meses del año:**

  Mi cumpleaños es en octubre.

- **Con expresiones con medios de transporte:**

  Me encanta viajar en tren.

Ejercicios

1. Completa los huecos con *el, la, los, las* **o** *un, una, unos, unas.*

a. .....*el*......... mango es .....*una*......... fruta tropical.

b. No me gusta .....el...... agua.

c. ....El...... león es .....es un.... animal feroz.

d. .....Los.... padres de Alberto viven en ....una.... casa muy vieja.

e. ¡Me encantan .....las.... naranjas!

f. Shakira es .....el...... cantante colombiana.

g. ....La..... abuela de María tiene .....unas... joyas muy antiguas.

h. Rosa tiene .....unos... sellos muy raros.

i. .....El....... profesor de español tiene .....un.... coche japonés.

j. ....Los.... delfines son .....unos.. animales muy inteligentes.

k. .....La..... águila es .....un..... ave.

2. ¿Puedes deducir las profesiones?
   Si lo necesitas, utiliza un diccionario.

Susana

Roberto

Alicia

María

Sebastián

Fernando

Sara

Martín

a. *Sebastián es cocinero* .

b. Alicia es pilota .

c. Roberto es policía .

d. Susana es profesora .

e. Martín es peluquera .

f. Sara es dentista .

g. Fernando es albañil .

h. María es fotografa .

3. Escribe las horas.

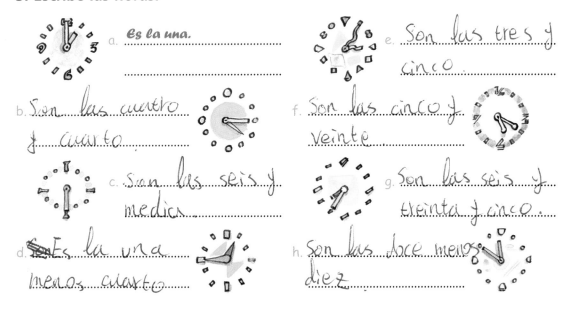

a. _Es la una._

b. Son las cuatro y cuarto

c. Son las seis y media

d. Son Es la una menos cuarto

e. Son las tres y cinco

f. Son las cinco y veinte

g. Son las seis y treinta y cinco

h. Son las doce menos diez

4. ¿A qué son aficionados?

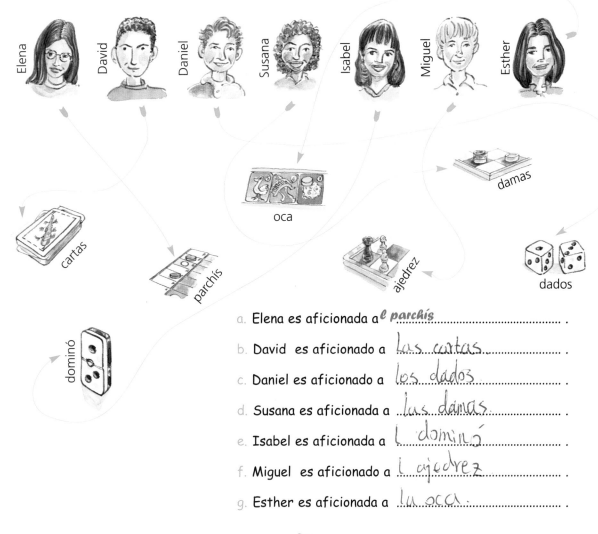

Elena   David   Daniel   Susana   Isabel   Miguel   Esther

damas

oca

cartas

parchís

ajedrez

dados

dominó

a. Elena es aficionada a *el parchís* .

b. David es aficionado a las cartas .

c. Daniel es aficionado a los dados .

d. Susana es aficionada a las damas .

e. Isabel es aficionada a l dominó .

f. Miguel es aficionado a l ajedrez .

g. Esther es aficionada a la oca .

5. Observa la ilustración. ¿Cómo viaja Miguel a casa de su abuelo?

autobús · avión · barco · bicicleta · coche · moto · tren

a. De Criptana a Alcázar de San Juan viaja en _coche_ .

b. De Alcázar a Madrid viaja en _tren_ .

c. De Madrid a Alicante viaja en _avión_ .

d. De Alicante a Santa Pola viaja en _autobús_ .

e. De Santa Pola a Tabarca viaja en _barco_ .

f. Del puerto de Tabarca a casa de su abuelo viaja en _moto_ .

g. En Tabarca, Miguel va en _bicicleta_ a todas partes.

6. ¿Qué tocan? Sigue las líneas y descúbrelo.

uso *JUNIOR* intermedio

a. Agustín toca *la guitarra* .

b. Pepe toca la batería .

c. Diana toca el piano .

d. Akira toca el violín .

e. Roberto toca las maracas

f. John toca los timbales

g. Sonia toca el teclado .

h. Michelle toca el violonchelo .

i. Charlie toca la trompeta .

7. Completa los huecos, si es necesario, con *el, la, los, las* o *un, una, unos, unas*.

a. Rafa va al cole en ......—...... bicicleta.

b. ...la... bicicleta de Luis es de carreras.

c. João tiene ...una... bicicleta nueva.

d. ¿Sabes tocar ...la... trompeta?

e. No sé jugar a ...el... tenis.

f. Hago ...el... gimnasia todos ...los... días.

g. ...El... padre de Rafa es ...—... pintor.

h. Las clases empiezan a ...las... nueve.

i. Hoy es martes ...el... cinco de ...el—... enero.

j. Mi cumpleaños es ...el... doce de ...el de—...junio.

k. Agustín toca ...la... guitarra en ...un... grupo de rock.

l. Seika tiene ...una... guitarra española.

m. ...La... madre de Hans trabaja en ...una...tienda.

n. Me encanta viajar en ......—...... barco.

ñ. ...El... día diez tenemos ...—... examen de español en ...el... aula 5.

o. La ...... novia de Alberto es ...... modelo.

p. ...Los... lunes tengo clase de piano.

q. ¿Sabes jugar a ...l... ping-pong?

r. ¿Qué haces ...los... domingos?

s. Necesito ...—... gafas nuevas.

Todas las palabras que empiezan por "á" o "ha" tónica y son femeninas se escriben con "el" "un", "algún" y "ningún" en masculino singular, pero no el plural. El agua → Las aguas

Buenos días, **Miguel**.

Buenos días, **señorita Blanco**.

Mira, esa es **la señorita Blanco**, mi profesora de geografía.

¿Dónde vives?

En **la Plaza de Chamberí**. ¿Y usted?

Mallorca e **Ibiza** forman parte de **las islas Baleares**.

En **la calle Zurbano**.

BALEARES

En **América del Sur**, entre **Perú** y **Bolivia**.

Miguel, ¿dónde está **el lago Titicaca**?

EL, LA, LOS, LAS CON NOMBRES DE PERSONAS Y LUGARES ···

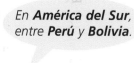

El, la, los, las con nombres de personas:

Usa el, la, los, las...

• Con señor, señora, señorita, doctor, presidente... + apellido:

La señora Alonso **es profesora de música.**

El doctor Serrano **es un gran investigador.**

Pero no... cuando hablamos a esas personas:

Buenos días, señora Alonso.

Doctor Serrano, **un enfermo quiere verlo.**

No uses el, la, los, las...

• Con nombres solos o con nombres con don o doña:

¿Dónde vive Pepe?

Doña Elisa **enseña historia.**

uso *JUNIOR* intermedio

El, la, los, las con nombres de lugares:

Usa *el, la, los, las...*

- **Con nombres de calles, plazas, avenidas, etc.:**

  Mi instituto está en la Avenida de los Toreros.

- **Con nombres de accidentes geográficos: ríos, mares, océanos, grupos de islas, montañas, desiertos, etc.:**

  El (río) Ebro es el más largo de España.

  El (lago) Titicaca está entre Perú y Bolivia.

  Las (islas) Baleares están en el (mar) Mediterráneo.

  Pero no... con nombres de islas: Mallorca, Tenerife, Gran Bretaña.

  Mallorca es una isla preciosa.

- **Con los puntos cardinales:** *norte, sur, este, oeste, noreste, noroeste, sureste y suroeste.*

  España está en el sur de Europa.

No uses *el, la, los, las...*

- **Con los nombres de los continentes:** *Asia es el continente más grande del mundo.*

- **Con nombres de países:** *Portugal sólo tiene frontera con España.*
  Pero... El Salvador, los Estados Unidos, (la) India.

- **Con nombres de ciudades:** *Montevideo es la capital de Uruguay.*
  Pero... La Habana, La Paz, Los Ángeles, La Coruña, El Cairo.

Ejercicios

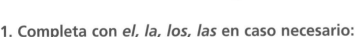

1. Completa con *el, la, los, las* en caso necesario:

a. .... Don Jesús enseña música.

b. - Buenas tardes, ...la..... señorita Delgado.

   · Buenas tardes, ... Susana.

c. ..Los..... señores Martínez son muy ricos.

d. ..El..... señor González es muy alto.

e. ..El........ presidente Clinton toca el saxo.

f. ..La......... doctora Varela es muy simpática.

g. - Teléfono para usted, ... doctora Varela.

   · Gracias.

h. - .... José, ¿dónde está ....la....... señora García?

   · Está con .....la...... señorita Serrano.

i. - Buenos días, ... Doña Luisa.

   · Buenos días, ... Ana.

2. ¿Dónde viven estos personajes? Une y escribe.

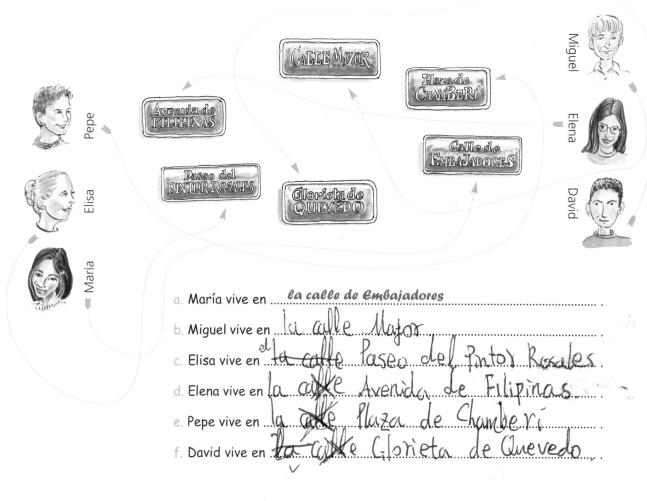

a. María vive en ...... *la calle de Embajadores* ......

b. Miguel vive en la calle Mayor

c. Elisa vive en ~~la calle~~ el Paseo del Pintor Rosales

d. Elena vive en la ~~calle~~ Avenida de Filipinas

e. Pepe vive en la ~~calle~~ Plaza de Chamberí

f. David vive en ~~la calle~~ Glorieta de Quevedo

3. Observa el mapa de España y responde a las preguntas.

noroeste   noreste

suroeste   sureste

uso JUNIOR intermedio

a. ¿Dónde está La Coruña? *En el noroeste de España* ....

b. ¿Dónde está Barcelona? En el noreste de España ....

c. ¿Dónde está Bilbao? En el norte de España ....

d. ¿Dónde está Valencia? En el este de España ....

e. ¿Dónde está Málaga? En el sur de España ....

f. ¿Dónde está Cáceres? En el oeste de España ....

g. ¿Dónde está Sevilla? En el suroeste de España ....

h. ¿Dónde está Santander? En el norte de España ....

i. ¿Dónde está Murcia? En el sureste de España ....

j. ¿Dónde está León? En el noroeste de España ....

4. Completa con *el, la, los, las* en caso necesario:

a. Veraneo en ....—.......... Italia.

b. El hermano de Ana vive en ....—.......... Paz.

c. ......—...... España está en ......el...... sur de ......—...... Europa.

d. ......El...... Río Grande separa ......los...... Estados Unidos de ......—...... México.

e. ......—...... Habana es la capital de ......el...... Cuba.

f. ......Los...... Ángeles está en ......la...... California.

g. ......Las...... islas Canarias están en ......el...... océano Atlántico.

h. ......La...... India forma parte de ......—...... Asia.

i. ......Las...... islas Salomón están en ......X...... Oceanía.

j. ......—...... Tenerife es una isla con mucho turismo.

k. ......los...... Andes van desde ......X...... Venezuela hasta ......el...... sur de
......—...... Chile.

l. ......El...... lago de Maracaibo está en ......el...... norte de ......—...... Venezuela.

m. ......X...... Cuba y ......X...... Jamaica forman parte de ......las...... Antillas.

n. ......X...... San Salvador es la capital de ......El...... Salvador.

3

Unas amigas brasileñas

Quiero **unos bolígrafos rojos**.

Estas son Carmen y Sonia, **unas amigas brasileñas**.

El verde.

Mi bebida preferida es el agua.

¿Cuál es **tu color preferido**?

CONCORDANCIA ARTÍCULOS, SUSTANTIVOS Y ADJETIVOS ...

Recuerda que la forma de algunas palabras depende del género -masculino o femenino- y del número -singular o plural- del nombre al que se refieren.

	SINGULAR	PLURAL
MASCULINO	Un bolígrafo rojo. El perro negro. Mi color preferido. Este sello es italiano. Luis es muy simpático.	Unos bolígrafos rojos. Los perros negros. Mis colores preferidos. Estos sellos son italianos. Luis y Juan son muy simpáticos.
FEMENINO	Una amiga brasileña. La vaca negra. Mi bebida preferida. Esta moneda es peruana. Julia es muy simpática.	Unas amigas brasileñas. Las vacas negras. Mis bebidas preferidas. Estas monedas son peruanas. Julia y Rosa son muy simpáticas.

A. El género: masculino y femenino

Son nombres masculinos:

• **Los referentes a hombres:**

El profesor, el alumno, el cantante.

• **Los de algunos animales macho:**

El gato, el toro.

Son nombres femeninos:

• **Los referentes a mujeres:**

La profesora, la alumna, la cantante.

• **Los de algunos animales hembra:**

La gata, la vaca.

- **Los de algunos animales macho o hembra terminados en -o o en *consonante*:**

  El cocodrilo, el delfín.

- **La mayoría de cosas terminadas en -o:**

  El bolígrafo, el libro.

  Pero... *la moto, la foto.*

- **Los de algunos animales macho o hembra terminados en -a:**

  La tortuga, la jirafa.

- **La mayoría de cosas terminadas en -a:**

  La mesa, la música, la comida.

  Pero... *el mapa, el planeta.*

El resto de nombres de cosas son masculinos o femeninos:

El coche, el balón, el color.　　　　　*La clase, la televisión, la flor.*

Adjetivos: formación del femenino

	MASCULINO	FEMENINO		MASCULINO	FEMENINO
Adjetivos calificativos	**-o > -a** *blanco > blanca* *rubio > rubia*		**Adjetivos de nacionalidad**	**-o > -a** *italiano > italiana* *sueco > sueca*	
	igual terminación *verde > verde* *gris > gris*			**-cons. > -cons. + a** *alemán > alemana* *francés > francesa*	
				-a, -e, -í > -a, -e, -í *belga > belga* *marroquí > marroquí*	

Recuerda cómo se forma el plural de nombres y adjetivos:

B. El número: singular y plural

	SINGULAR	PLURAL		SINGULAR	PLURAL
Nombres	**-vocal > + s** *casa > casas* *libro > libros*		**Adjetivos calificativos y de nacionalidad**	**- vocal > + s** *blanco > blancos* *verde > verdes*	
	-cons. > + es *ratón > ratones* *color > colores*			**-cons./-í > + es** *gris > grises* *marroquí > marroquíes*	
	Pero... -z > -ces *lápiz > lápices* *pez > peces*			**Pero... -z > -ces** *feliz > felices*	

singular masculino + singular femenino = plural masculino

un alumno brasileño + una alumna brasileña = dos alumnos brasileños

Ejercicios

1. ¿Qué es esto? Utiliza las palabras señaladas.

bandera · billete · bolígrafo · casa · chica · flor · gato · moto · moneda · sombrero

amarillo · argentino · azul · blanco · brasileño · español · estadounidense · francés · japonés · mexicano · pequeño · rojo

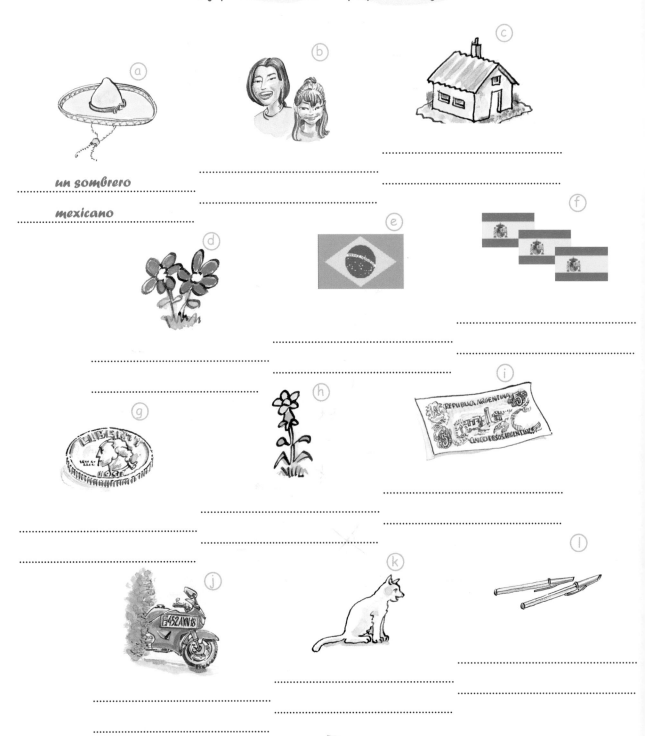

a) *un sombrero*
mexicano

b) ....
....

c) ....
....

d) ....
....

e) ....
....

f) ....

g) ....

h) ....

i) ....

j) ....

k) ....

l) ....

2. ¿Qué lleva el chico? Utiliza las palabras señaladas.

calcetines · camisa · chaqueta · corbata · gorra · jersey · pantalones · zapatos

a. Lleva ..... *una camisa blanca* ....,

b. ....,

c. ....,

d. ....,

e. ....,

f. ....,

g. ....

h. y ....

3. Observa el cuadro y completa los diálogos como en el ejemplo.

Mis preferencias

	colores	comidas	cantantes	música	deportes	animales
Elena	amarillo	pollo y pizza	Ricky Martin y Alejandro Sanz	salsa	natación	gato
Pepe	azul y blanco	arroz	Noelia	música pop	fútbol y baloncesto	elefante y jirafa

a

Elena

.... **Mi color preferido** .... es .....el..... amarillo,

y .... **los colores preferidos** .... de Pepe son

.....el..... azul y .....el..... blanco.

Pepe

b

.... es .... arroz,

.... de Elena

y .... pizza.

son .... pollo y .... pizza.

c

.... son

Ricky Martin y Alejandro Sanz, y

.... de Pepe es

Noelia.

Elena

d

.... es .... música pop

y .... de Elena

es .... salsa.

Pepe

e

.... es .... natación,

y .... de Pepe son

.... fútbol y .... baloncesto.

Elena

f

.... son ....

.... elefante y .... jirafa, y

.... de Elena es .... gato.

Pepe

4. Completa las frases con el adjetivo entre paréntesis.

a. Javier es muy ...*simpático.*............ (simpático)

b. Rosa es muy .... (simpático).

c. Alberto y su hermano son muy .... (serio) y muy .... (inteligente).

d. Mary y Jane son nombres .... (inglés).

e. Luisa es muy .... (alto).

f. Odile y Marie-Claire son .... (francés).

g. Rosana y Lucho son .... (pobre) y .... (feliz).

h. Julio es .... (rubio) pero sus hermanas son .... (moreno).

i. Los padres de João son .... (joven). Son muy .... (simpático).

j. Zoraida y Hassan son .... (marroquí), pero sus hijos son .... (francés).

k. Elsa y Peter son .... (alemán). Son muy .... (rubio) y tienen los ojos .... (azul).

l. Keiko es una alumna .... (japonés). Es muy .... (alegre).

5. Completa las terminaciones de las palabras incompletas.

a. Mi..*s*.... hermanas son muy alt...*as*... .

b. Est....... sello....... son portugues....... .

c. L....... bici de Rosa es roj....... .

d. Est....... bombon....... son belg....... .

e. L....... profesor....... de español es argentin....... .

f. L....... tiburon....... son muy peligros....... .

g. Est....... foto es de un....... amiga polac....... .

h. L....... tortugas son muy lent....... .

i. Est....... moneda es ingles....... .

j. L....... vacas holandes....... son blanc....... y negr....... .

4

Debajo de la cama

¿Dónde está mi mochila?

Debajo de la cama.

Oye, ¿dónde está el cine Bristol?

En la calle Fuencarral, **junto al** Centro Comercial.

PREPOSICIONES DE LUGAR: en, debajo de...

en, dentro de

El perro está *en/dentro de* la caja.

en, encima de

El perro está *en/encima de* la caja.

debajo de

El perro está *debajo de* la caja.

detrás de

El perro está *detrás de* la caja.

delante de

El perro está *delante de* la caja.

junto a

El perro está *junto a* la caja.

entre

El perro está *entre* las cajas.

enfrente de

El perro está *enfrente de* la caja.

RECUERDA: **de + el = del** ⟶ *dentro del* **armario**
            a + el = al ⟶ *junto al* **centro comercial**

Usa las *preposiciones de lugar*:

• **Para indicar la situación de una persona, animal o cosa en relación a otra persona, animal o cosa:**

Los libros están encima de la mesa.

Hay un gato debajo de la silla.

Víctor se sienta junto a Iván.

Hay un parque detrás de la biblioteca.

Ejercicios

1. Completa con la preposición adecuada.

a. Hay un coche

....

la casa.

b. Hay un árbol

....

la casa.

c. La mochila está

....

la silla.

d. El gato está

....

dos perros.

e. El gato está

....

la silla.

f. Los huevos están

....

la nevera.

g. La casa está

....

parque.

h. Hay una biblioteca

....

colegio.

i. Julián se sienta

....

Rocío.

j. Pili se sienta

....

Martín.

k. Fernando se sienta

....

Pauli y Benita.

l. Óscar se sienta

....

la ventana.

2. Encuentra las diez ranas. Utiliza las palabras del recuadro.

armario	pila
cocina	plato
mesa	puerta
nevera	silla
pan	vaso

a. *Hay una rana en la silla.*
....

b. otra ....,

c. otra ....,

d. otra ....,

e. otra ...., h. otra ....,

f. otra ...., i. otra ....,

g. otra ...., j. otra ....

**3. Observa la habitación.
¿Dónde están las cosas?**

a. La guitarra   *está debajo de la cama* ....

b. Los zapatos   ....

....

c. El ordenador   ....

....

d. El hámster   ....

....

e. La raqueta   ....

....

f. Los libros   ....

g. Los calcetines   ....

h. Las gafas   ....

i. El despertador ....

j. La mochila ....

k. Los pantalones ....

4. Observa el mapa y contesta las preguntas.

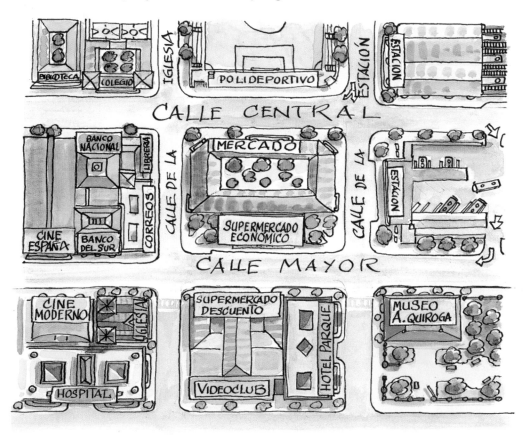

a. ¿Dónde está el Hotel Parque? *En la calle de la Estación, enfrente del parque.*

b. ¿Dónde está el cine España? ....

c. ¿Dónde está la Biblioteca Municipal? ....

d. ¿Dónde está el Museo A. Quiroga? ....

e. ¿Dónde está la estación de autobuses? ....

f. ¿Dónde está el Polideportivo Municipal? ....

g. ¿Dónde está el Banco Nacional? ....

h. ¿Dónde está el Supermercado Económico? ....

i. ¿Dónde está Correos? ....

j. ¿Dónde está la Iglesia? ....

k. ¿Dónde está el Banco del Sur? ....

5

¿Quién va primero?

Esta es mi casa.
Vivo en el **segundo piso**.

Es la **tercera vez** que veo
esta película. Me encanta.

¿Quién va
primero?

Mira, Felipe **quinto**.

FELIPE V

Juan y Alberto son
los primeros de la clase.

LOS NÚMEROS ORDINALES

1º primero/primer, primera,
primeros, primeras

2º segundo, segunda,
segundos, segundas

3º tercero/tercer, tercera,
terceros, terceras

4º cuarto/a/os/as

5º quinto/a/os/as

6º sexto/a/os/as

7º séptimo/a/os/as

8º octavo/a/os/as

9º noveno/a/os/as

10º décimo/a/os/as

Usa *los números
ordinales* del 1º al 10º
para indicar el orden de
algo en un grupo.

El Real Madrid va *primero*
en la liga.

El martes es el *segundo día*
de la semana.

- A partir del 11º se usan los
  números cardinales.

  Felipe vive en el *piso doce.*

  Estoy leyendo El Quijote. Voy
  por el *capítulo veinte.*

- Observa que los ordinales cambian para
  femenino y plural.

  Tengo entradas de teatro para la
  tercera fila.

  Juan y Alberto son los *primeros* de la
  clase.

- Observa el orden:
  ordinal + sustantivo o sustantivo + ordinal

  Vivo en el *cuarto piso.*
  Vivo en el *piso cuarto.*

  Pero...
  el *primer piso* - el *piso primero*
  el *tercer piso* - el *piso tercero*

- **Con nombres de reyes o papas los ordinales van siempre detrás y se escriben con números romanos.**

  Felipe V = *Felipe* quinto.

  Isabel I = *Isabel* primera.

  Juan Pablo II = *Juan Pablo* segundo.

  Juan XXIII = *Juan* veintitrés.

I	primero	VI	sexto
II	segundo	VII	séptimo
III	tercero	VIII	octavo
IV	cuarto	IX	noveno
V	quinto	X	décimo

Ejercicios

1. ¿Dónde viven? Completa las frases con el número correspondiente.

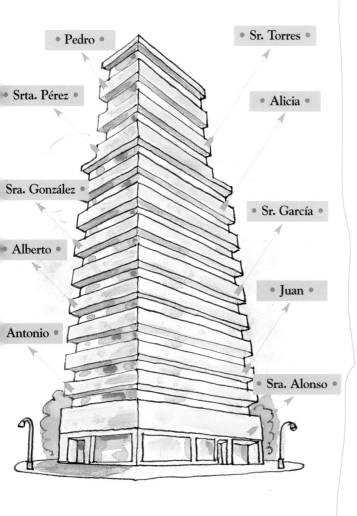

a. Antonio vive en el ......*segundo*...... piso.

b. Juan vive en el .... piso.

c. El señor García vive en el piso

   ....

d. Alicia vive en el .... piso.

e. La señora Alonso vive en el

   .... piso.

f. Alberto vive en el piso ....

g. La señorita Pérez vive en el

   .... piso.

h. Pedro vive en el piso ....

i. El señor Torres vive en el piso

   ....

j. La señora González vive en el

   .... piso.

2. Observa la clasificación de la Liga de Fútbol española y completa las frases.

PRIMERA DIVISIÓN

EQUIPOS	Puntos	J.	CASA			FUERA			GOLES	
			G.	E.	P.	G.	E.	P.	F.	C.
★ 1. R. Madrid	48	21	9	0	1	6	3	2	51	24
★ 2. Deportivo	41	21	8	2	0	4	3	4	38	21
★ 3. Barcelona	40	21	8	1	1	4	3	4	46	27
★ 4. Valencia	36	21	8	1	2	2	5	3	31	16
♦ 5. Villareal	32	21	4	4	2	5	1	5	26	22
♦ 6. Mallorca	32	21	6	3	1	2	5	4	30	29
7. Las Palmas	31	21	6	1	3	3	3	5	24	36
8. Espanyol	30	21	6	1	4	3	2	5	29	24
9. R. Vallecano	29	21	5	4	2	2	4	4	39	35
10. Málaga	28	21	6	3	2	2	1	7	33	33
11. Zaragoza	27	21	5	4	1	1	5	5	30	29
12. Alavés	27	21	6	1	4	2	2	6	30	29
13. Athletic	27	21	6	2	2	1	4	6	9	34
14. Oviedo	27	21	8	2	1	0	1	9	26	34
15. Valladolid	26	21	5	6	0	0	5	5	24	25
16. Celta	24	21	5	5	1	1	1	8	25	32
17. Numancia	20	21	3	3	4	2	2	7	20	33
■ 18. R. Sociedad	18	21	1	5	5	3	1	6	23	42
■ 19. Osasuna	17	21	2	5	4	1	3	6	21	33
■ 20. Racing	14	21	3	3	4	0	2	9	22	39

★ Liga de campeones   ♦ Copa de la UEFA   ■ Descenso a segunda

a. El Real Madrid va ......*primero*...... .

b. El Numancia va en el puesto ....

c. El Barcelona va ....

d. El Rayo Vallecano está ....

e. El Zaragoza está en el puesto ....

f. El Valencia está en la .... plaza.

g. La Real Sociedad está en el puesto ....

h. El Valladolid está en el puesto ....

i. El Mallorca va ....

j. El Málaga está en la .... plaza.

3. Completa las frases con la forma correcta del ordinal entre paréntesis.

a. Hassan estudia ......*quinto*...... (5°) curso de Medicina.

b. Esta es la lección .... (4ª).

c. El 1 de enero es el .... (1°) día del año.

d. La 'i' es la .... (10ª) letra del alfabeto.

e. Octubre es el .... (10°) mes del año.

f. Ana y María son las .... (1ª) de la clase.

g. Daniel tiene siete hermanos. Él es el .... (6°).

h. Es la .... (5ª) vez que veo ET.

i. El lunes es el .... (1°) día de la semana.

j. Es la .... (3ª) película española que veo.

k. La 'a' es la .... (1ª) letra del alfabeto.

l. Marzo es el .... (3°) mes del año.

m. El desayuno es la .... (1ª) comida del día.

n. Las .... (1ª) lecciones son fáciles.

ñ. Tengo exámenes los .... (1°) días de junio.

o. La 'h' es la .... (8ª) letra del alfabeto.

4. Escribe los nombres con letras.

a. Carlos IV .... *Carlos cuarto.* ....

b. Juan Pablo II ....

c. Isabel I ....

d. Fernando VII ....

e. Catalina II ....

f. Alfonso XII ....

g. Juana III ....

h. Juan Carlos I ....

i. Enrique VIII ....

j. Carlos V ....

k. Luis XIV ....

l. Pío X ....

5. Completa como corresponda.

a. Soy el/la .... de mis hermanos/as.

b. Mi madre es la .... de sus hermanos.

c. Estudio .... de ....

d. Vivo en el piso ....

e. Mi compañero/a vive en el piso ....

f. Mi clase está en el piso ....

g. El español es mi .... lengua.

h. .... es mi .... profesor/a de español.

i. Este es mi .... libro de español.

j. Mi equipo preferido va .... en la liga.

¿De quién es esto?

Es **mío**.

¿Es esto **tuyo**?

No, es de Rosa.

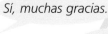

¿Son **suyas** estas gafas?

Sí, muchas gracias.

Mi padre es taxista.

Pues **el mío** es policía.

Mira, **tu bici**.

No, **la mía** es azul.

POSESIVOS

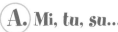

Ⓐ **Mi, tu, su...**

| | SINGULAR | | PLURAL | |
	MASCULINO	FEMENINO	MASCULINO	FEMENINO
(yo)	mi	mi	mis	mis
(tú)	tu	tu	tus	tus
(usted)	su	su	sus	sus
(él, ella)	su	su	sus	sus
(nosotros/as)	nuestro	nuestra	nuestros	nuestras
(vosotros/as)*	vuestro	vuestra	vuestros	vuestras
(ustedes)	su	su	sus	sus
(ellos/as)	su	su	sus	sus

  * (ustedes) su, sus

Usa *mi, tu, su...* con sustantivos:

• **Mi, tu, su... + sustantivo:**

Mi padre es taxista.
¿Dónde viven tus padres?

B. Mío, tuyo, suyo...

	SINGULAR		PLURAL	
	MASCULINO	FEMENINO	MASCULINO	FEMENINO
(yo)	mío	mía	míos	mías
(tú)	tuyo	tuya	tuyos	tuyas
(usted)	suyo	suya	suyos	suyas
(él, ella)	suyo	suya	suyos	suyas
(nosotros/as)	nuestro	nuestra	nuestros	nuestras
(vosotros/as)*	vuestro	vuestra	vuestros	vuestras
(ustedes)	suyo	suya	suyos	suyas
(ellos/as)	suyo	suya	suyos	suyas

 * (ustedes) suyo, suya, suyos, suyas

Usa *mío, tuyo, suyo...*

• **Con el verbo *ser*:**
  ser + *mío/tuyo*...

  - *¿De quién es esto?*
  • *Es mío.*

• **Con *el, la, los, las* para hablar de algo ya mencionado:**

  - *Mi cantante preferida es Madonna.*
  • *La mía es Shakira.*

  - *¿Tienes tijeras?*
  • *No, déjame las tuyas.*

Ejercicios

1. Completa con *mi, tu, su...*

ⓑ

¿Cuál es .... mochila?

ⓐ .... asignatura preferida
es la educación física.

ⓒ

¿Cuáles son .... maletas?

e .... profesora es española.

d Estos son .... padres.

g ¿Dónde están .... libros?

f ¿Quién es .... profesor?

h ¿Cuál es .... sombrero?

2. Completa con mío/mía/míos/mías, tuyo/tuya...

a ¿De quién es esta pluma? Es ....

b ¿De quién es este balón? Es ....

c ¿De quién es este perro? Es ....

d ¿De quién son estas tijeras?

Son ....

¿Es .... esta bolsa?

(e)

¿Es .... este balón?

(f)

¿Es .... este CD?

(g)

¿De quién son estos libros?

(h)

Son ....

3. Responde. Usa *el mío, la mía…*

a. ¿Son tuyas estas gafas? No, ...*las mías*........ son negras.

b. ¿Es ese el coche de Pedro? No, ... es un Seat.

c. ¿Es ese señor tu padre? No, ... es moreno.

d. ¿Son esas bicis vuestras? No, ... son rojas.

e. ¿Es esa la casa de Rosa? No, ... está en otra calle.

f. ¿Son tuyos estos pantalones? No, ... son negros.

g. ¿Son esos mis libros? No, ... están allí.

h. ¿Son esas las gafas de Luis? No, ... son doradas.

i. ¿Son esos patines vuestros? No, ... son nuevos.

j. ¿Son estas nuestras camisetas? No, ... son amarillas.

k. ¿Es ese vuestro profesor? No, ... es muy alto.

l. ¿Es esta mi clase? No, ... es la número cinco.

4. Completa los diálogos con *mi, tu…, (el) mío, (el) tuyo…*

	mochila	bici	deportivas	gorra	anorak	gafas de sol
David	roja	amarilla	blancas	roja	azul	blancas
Isabel	azul	roja	azules	verde	rosa	blancas
Pepe	negra	roja	negras	negra	rojo	rojas

a)

¿Es esta mochila ...*tuya*......, David?

No, ...*la mía*...... es roja.

b)

.... bicis son rojas. ¿De qué color es ...., David?

.... es amarilla.

c)

¿Son estas deportivas de Isabel?

No, ... son azules.

d)

¿De qué color son .... anoraks?

.... es rosa.

.... es azul.

(e)

¿Isabel, son .... estas gafas?

No, ... son blancas.

(f)

¿De quién son estas gafas?

Son ....

5. **Completa con el posesivo adecuado.**

(a)

¿Dónde están

.... libros?

(b)

¿Quién es

.... profesor?

(c)

¿Es ....

este perro?

(d)

¿Son ....

estas mochilas?

¿Quién es **mayor**,
Alicia o su hermano?

Alicia es **menor** que
su hermano, pero es más alta.

Alicia es **más lista,** pero
es **menos estudiosa**.

¿Quién es
más listo?

¿Y quién es
más simpático?

Ah, los dos son **igual de
simpáticos**.

El avestruz es **tan rápido
como** el león.

Canadá es **más grande**
que Estados Unidos, pero
no está **tan poblado**.

COMPARACIONES CON ADJETIVOS

(+) más + adjetivo (+ que)	*Alicia es más alta que su hermano.* *Y es más lista.*
(−) menos + adjetivo (+ que)	*Alicia es menos estudiosa.* *Mi hermano es menos trabajador que yo.*
(=) igual de + adjetivo (+ que)	*Los dos son igual de simpáticos.* *José es igual de guapo que su padre.*
tan + adjetivo (+ como)	*Canadá no está tan poblado como Estados Unidos.*

FORMAS IRREGULARES	
+ bueno –> mejor	*Mi bicicleta es mejor que la tuya.*
+ malo –> peor	*Soy peor en matemáticas que Pablo.*
+ grande (edad) –> mayor	*Roberto es mayor que su hermana.*
+ grande (tamaño) –> mayor/más grande	*Canadá es más grande que Estados Unidos.*
+ pequeño (edad) –> menor	*Rosa es menor que Roberto.*
+ pequeño (tamaño) –> menor/más pequeño	*Uruguay es más pequeño que Brasil.*

Usa las formas comparativas:

• **Para comparar dos personas, dos animales o dos cosas:**

*Alicia **es menor que** su hermano.*

*El avestruz **es tan rápido como** el león.*

- que/como + yo, tú, él...

*Mi padre **es más bajo** que yo.*

*No soy **tan fuerte** como tú.*

Recuerda que la forma del adjetivo depende de la persona o cosa a la que se refiere:

*Alicia **es más alta** que su hermano.*

*Roberto **es más estudioso.***

*Los dos **son igual de simpáticos.***

Ejercicios

1. Compara. Utiliza los adjetivos señalados.

alto · antiguo · grande · difícil · largo · moderno · pequeño · poblado

(a) Francia / Portugal

Francia es más
....
grande que Portugal.
....

(b) Río Amazonas

Río Tajo

....
....

(c) Lima 1535 / Brasilia 1959

....
....

(d) Chile / Argentina

....
....

(e) el chino/el español

....
....

(f) El Kilimanjaro

El Teide

....
....

(g) Italia
Población: 57.000.000

España
Población: 40.000.000

está
....
....

(h) Nueva York

Venecia

....
....

2. Encuentra las diferencias. Utiliza los adjetivos señalados:

ILUSTRACIÓN A

alto · barato · caro · delgado ·
fuerte · gordo · grande · guapo ·
joven · moderno · pequeño · viejo

ILUSTRACIÓN B

a. En la ilustración B la chica es *más guapa que en A* ....,

b. el niño es ....,

c. el perro es ....,

d. los policías son ....,

e. la mujer es .... y ....,

f. el hombre es .... y ....,

g. la televisión es ....,

h. la radio es ....,

i. los ordenadores son ....

j. y los árboles son ....

3. Compara con *(no) tan... como*. Utiliza los adjetivos señalados.

alto · fuerte · grande · lento · pequeño · rápido

a.

Un lobo *es tan grande como un perro.*

b.

Un mono ....

c.

Una tortuga ....

d.

Un oso ....

e.

Un mono ....

f.

Un ñu ....

g.

Una vaca ....

h.

Una cebra ....

i.

Un oso ....

4. ¿Qué dice de ellos la madre de Silvia y Antonio? Compara.

	Silvia		Antonio
a.	1,55m	(alto)	1,52m
b.	14 años		15 años
c.	40 kg.	(delgado)	35 kg.
d.	=	(inteligente)	=
e.	=	(simpático)	=
f.	=	(guapo)	=
g.	+	(trabajador)	
h.		(responsable)	–
i.		(cariñoso)	+
j.	+	(educado)	
k.	–	(deportista)	
l.	+	(bueno en matemáticas)	
m.	–	(malo en ciencias)	
n.		(bueno en deportes)	+
ñ.		(malo en idiomas)	–

a. Silvia es ....*más alta que Antonio*...... .

b. Antonio es ....

c. Antonio es ....

d. Silvia y Antonio son ....

e. Silvia y Antonio son ....

f. Silvia y Antonio son ....

g. Silvia es ....

h. Antonio es ....

i. Antonio es ....

j. Silvia es ....

k. Silvia es ....

l. Silvia es ....

m. Silvia es ....

n. Antonio es ....

ñ. Antonio es ....

5. ¿Qué dicen estas personas? Utiliza los adjetivos señalados.

alto · fuerte · guapo · pobre · rápido · rico

ⓐ
Soy ....
que ....

ⓑ
Eres ....
que ....

ⓒ
Soy ....
como ....

ⓓ
Somos ....
que ....

ⓔ
Soy ....
que ....

ⓕ
No eres ....
como ....

ⓖ
No eres ....
como ....

ⓗ
Eres ....
que ....

6. ¿Qué piensas tú? Compara.

a. el tren/el avión (rápido) ....

b. el cine/el teatro (divertido) ....

c. los coches/las bicicletas (peligroso) ....

d. el español/el inglés (difícil) ....

e. los gatos/los perros (cariñoso) ....

f. jugar al fútbol/estudiar historia (divertido) ....

g. ir a la playa/ir al colegio (aburrido) ....

h. hacer los deberes/ver la televisión (aburrido) ....

i. las matemáticas/los idiomas (difícil) ....

j. los hámsters/las serpientes (peligroso) ....

El Nilo es **el río más largo** del mundo.

Mira, **el hombre más alto** del mundo.

Y **el más pequeño**.

Julia y Carlos son **los mejores alumnos** del colegio.

Ricardo es **el menos trabajador** de la clase.

EL SUPERLATIVO ······················

(+) el/la/los/las (+ sustantivo) más + adjetivo (+ de)

El Nilo es el río más largo del mundo.

(-) el/la/los/las (+ sustantivo) menos + adjetivo (+ de)

Ricardo es el menos trabajador de la clase.

FORMAS IRREGULARES
+ bueno –> el/la mejor, los/las mejores
+ malo –> el/la peor, los/las peores
+ grande (edad) –> el/la mayor, los/las mayores
+ grande (tamaño) –> el/la mayor/más grande   los/las mayores/más grandes
+ pequeño (edad) –> el/la menor/más pequeño/a   los/las menores/más pequeños/as
+ pequeño (tamaño) –> el/la más pequeño/a   los/las más pequeños/as

Julia y Carlos son los mejores alumnos del colegio.
García es el peor jugador de su equipo.
Susana es la mayor de sus hermanos.
China es el país más grande del mundo.

Alberto es el menor de su familia.
Julia es la más pequeña de la clase.
El Vaticano es el país más pequeño del mundo.

mundo

Usa
el superlativo:

• **Para comparar algo con todas las personas o cosas de un grupo:**

Julia es la más pequeña de la clase.

- ***Mejor/peor/mayor/menor* + sustantivo:**

Julia y Carlos son los mejores alumnos del colegio.

García es el peor jugador del equipo.

China es el mayor país del mundo.

Ejercicios

1. ¿Sabes qué récords tienen? Utiliza los adjetivos señalados.

alto · antiguo · caro · famoso
· largo · rápido · rico · bajo

a. Zafarullah Satti/hombre.

   Zafarullah Satti es el hombre más alto del mundo.
   ....

b. El Concorde/avión de pasajeros.

   ....

c. Bill Gates/hombre.

   ....

d. El Transiberiano/ferrocarril.

   ....

e. Los Beatles/grupo musical.

   ....

f. La Mona Lisa/cuadro.

   ....

g. Rolls Royce/coche.

   ....

h. Zainab Bibi/mujer.

   ....

i. La Torre CNC/edificio.

   ....

j. Alí Zaman/hombre.

   ....

k. La Sorbona/universidad

   ....

Zafarullah Satti   Zainab Bibi

Alí Zaman

2. ¿Sabes cuáles son los siguientes récords geográficos? Escribe frases con los adjetivos señalados.

alto · grande · largo · pequeño · poblado · pobre · rico

a. El Everest [imagen] (1ª mundo)

El Everest es la montaña más alta del mundo.
....

b. El Salto Angel [imagen] (1ª mundo)

....

c. Asia [imagen] (1º mundo)

....

d. El Volga [imagen] (1º Europa)

....

e. China [imagen] (1º mundo)

....

f. El Vaticano [imagen] (1º mundo)

....

g. Los Andes [imagen] (1ª mundo)

....

h. El Sáhara [imagen] (1º mundo)

....

i. El Pacífico [imagen] (1º mundo)

....

j. El Aconcagua [imagen] (1ª América del Sur)

....

k. El Amazonas [imagen] (1º América del Sur)

....

l. Qatar [imagen] (1º mundo)

....

m. Bangladesh [imagen] (1º mundo)

....

n. Ciudad de México [imagen] (1ª mundo)

....

continente

país

ciudad

cordillera

montaña

río

catarata

océano

desierto

3. Lee la información sobre los hermanos Pérez y escribe frases con los adjetivos señalados.

alto · bajo · cariñoso · delgado · educado · estudioso · gordo · grande · inteligente · pequeño · responsable · simpático · trabajador

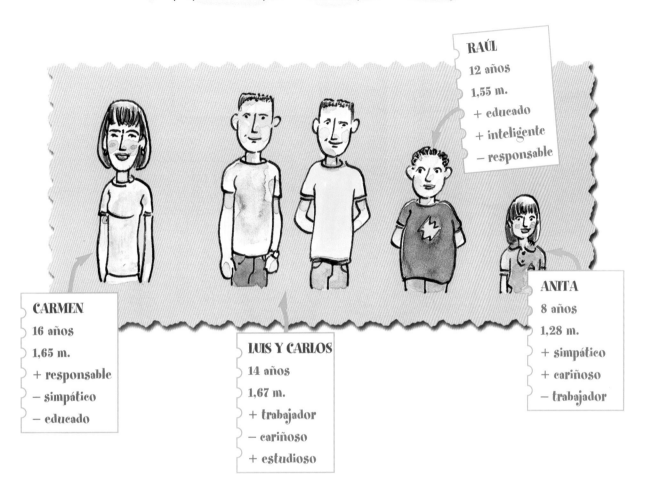

RAÚL
12 años
1,55 m.
+ educado
+ inteligente
− responsable

CARMEN
16 años
1,65 m.
+ responsable
− simpático
− educado

LUIS Y CARLOS
14 años
1,67 m.
+ trabajador
− cariñoso
+ estudioso

ANITA
8 años
1,28 m.
+ simpático
+ cariñoso
− trabajador

a. Carmen es ....*la mayor*....... de sus hermanos, ...*la más responsable*.......,

.... y ....

b. Luis y Carlos son ...., ...,

.... y ....

c. Raúl es ...., ... y

....

d. Anita es ...., ...,

.... , ... y

....

4. Lee las notas de estos alumnos y escribe frases comparando el grupo.

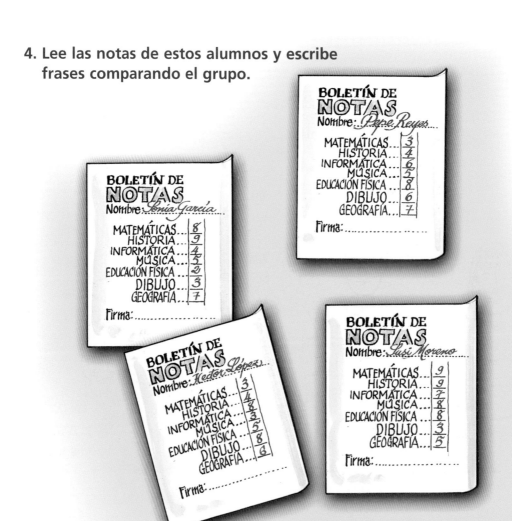

BOLETÍN DE
NOTAS
Nombre: *Pepe Reyes*

MATEMÁTICAS	3
HISTORIA	4
INFORMÁTICA	6
MÚSICA	5
EDUCACIÓN FÍSICA	8
DIBUJO	6
GEOGRAFÍA	7

Firma: ....

BOLETÍN DE
NOTAS
Nombre: *Sonia García*

MATEMÁTICAS	8
HISTORIA	9
INFORMÁTICA	4
MÚSICA	5
EDUCACIÓN FÍSICA	2
DIBUJO	3
GEOGRAFÍA	7

Firma: ....

BOLETÍN DE
NOTAS
Nombre: *Héctor López*

MATEMÁTICAS	3
HISTORIA	4
INFORMÁTICA	8
MÚSICA	3
EDUCACIÓN FÍSICA	5
DIBUJO	8
GEOGRAFÍA	6

Firma: ....

BOLETÍN DE
NOTAS
Nombre: *Susi Moreno*

MATEMÁTICAS	9
HISTORIA	9
INFORMÁTICA	7
MÚSICA	8
EDUCACIÓN FÍSICA	8
DIBUJO	3
GEOGRAFÍA	5

Firma: ....

a. Susi es ....*la mejor*........ en matemáticas.

b. Pepe y Héctor son .... en matemáticas.

c. Sonia y Susi son .... en dibujo.

d. Héctor es .... en dibujo.

e. Sonia es .... en informática.

f. Pepe y Susi son .... en educación física.

g. Pepe y Sonia son .... en geografía.

h. Sonia y Susi son .... en historia.

i. Héctor es .... en música.

j. Pepe y Héctor son .... en historia.

5. Escribe sobre tus gustos.

a. ...... *Ricky Martin* ...... es ...... *uno de los mejores cantantes* (cantante/bueno)
...... *del mundo* ....

b. .... es .... (cantante/malo)
....

c. .... es .... (cantante/buena)
....

d. .... son .... (grupo musical/bueno)
....

e. .... es .... (futbolista/bueno).

f. .... es .... (actriz/buena).

g. .... es .... (país/bonito).
....

h. .... es .... (ciudad/bonita)
....

i. .... es .... (película/buena)
....

j. .... es .... (película/mala)
....

Juan come **muchos pasteles** y **poca fruta**.

Hay **demasiada bebida** y no hay **suficiente comida**.

¿**Cuánto dinero** tienes?

No tengo **mucho**. Sólo 5 euros.

CANTIDAD

A. Mucho/a/os/as, poco/a/os/as...

Mucho, mucha Poco, poca Suficiente Demasiado, demasiada	+ sustantivo singular	*Juan come poca fruta.* *Hay demasiada bebida.*

Muchos, muchas Pocos, pocas Suficientes Demasiados, demasiadas	+ sustantivo plural	*Come muchos pasteles.* *No hay suficientes sillas.*

B. ¿Cuánto, cuánta, cuántos, cuántas?

¿Cuánto dinero tienes?
¿Cuántos hermanos tienes?

Usa *mucho/a/os/as...*

• **Para indicar la cantidad de algo:**

muchos

pocos

suficientes

demasiados

Mucho/a/os/as... también pueden usarse solos.

- *¿Tienes vídeos?*

• *Sí, tengo muchos.*

Usa *cuánto/a/os/as* para...

• **Preguntar por la cantidad:**

- *¿Cuántos hermanos tienes?*

• *Dos.*

Ejercicios

1. Observa la ilustración y completa las frases con *mucho/a/os/as* o *poco/a/os/as*.

a. (plátanos) *Hay muchos plátanos.* ....

b. (naranjas) ....

c. (limones) ....

d. (queso) ....

e. (leche) ....

f. (huevos) ....

g. (agua) ....

h. (pan) ....

i. (patatas) ....

j. (chocolate) ....

2. ¿Y tú? Escribe frases diciendo lo que comes o bebes de lo siguiente. Utiliza *mucho/a/os/as* o *poco/a/os/as*.

a. (verduras) *Como pocas/muchas verduras.* ....

b. (plátanos) ....

c. (huevos) ....

d. (carne) ....

e. (pescado) ....

f. (chocolate) ....

g. (fruta) ....

h. (leche) ....

i. (galletas) ....

j. (queso) ....

3. Lee lo que come y bebe Luisa al día. Di si te parece *demasiado* o *suficiente*.

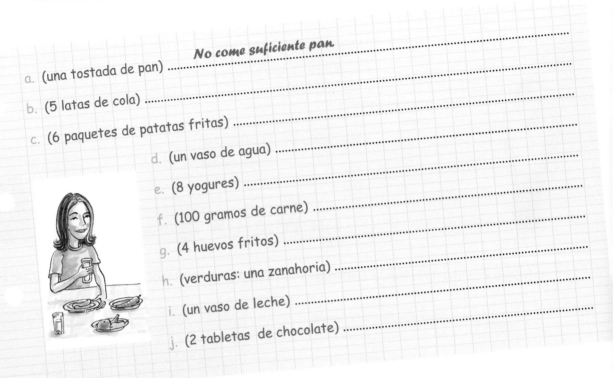

a. (una tostada de pan) .... *No come suficiente pan* ....

b. (5 latas de cola) ....

c. (6 paquetes de patatas fritas) ....

d. (un vaso de agua) ....

e. (8 yogures) ....

f. (100 gramos de carne) ....

g. (4 huevos fritos) ....

h. (verduras: una zanahoria) ....

i. (un vaso de leche) ....

j. (2 tabletas de chocolate) ....

4. Teresa ha invitado a ocho amigos a su fiesta de cumpleaños. Observa los preparativos y escribe frases con *suficiente/s* o *demasiado/a/os/as*.

a. (bocadillos) *No hay suficientes bocadillos.*

b. (pasteles) ....

c. (patatas fritas) ....

d. (aceitunas) ....

e. (refrescos) ....

f. (agua) ....

g. (vasos) ....

h. (platos) ....

i. (servilletas) ....

j. (tarta) ....

5. Completa las preguntas con *cuánto/a/os/as* y las respuestas con *mucho/a/os/as* o *poco/a/os/as*.

a. ¿ *Cuánto* .... dinero tienes?   Tengo ......*poco.*........ (5 euros)

b. ¿ .... CD tienes?   Tengo .... (sólo cinco)

c. ¿ .... sellos tienes?   Tengo .... (unos 1.000)

d. ¿ .... agua tenemos?   Tenemos .... (1/2 litro)

e. ¿ .... leche tenemos?   Tenemos .... (5 litros)

f. ¿ .... amigos tienes?   No tengo .... (sólo dos)

g. ¿ .... chicas hay en tu clase?   Hay .... (sólo tres)

h. ¿Y .... chicos hay?   Hay .... (18)

i. ¿ .... vacas hay en esta granja?   Hay .... (40)

j. ¿ .... tiempo tenemos   Tenemos .... (sólo 15 minutos)
   para el examen?

Perdón, ¿**hay una estación de metro** por aquí?

Sí, **hay una** en la calle siguiente.

Mamá, ¿dónde **están mis deportivas**?

¿Dónde **está el Museo Arqueológico**?

Está en la calle Serrano.

HAY

HAY + *un/una* + sustantivo contable singular
  + *uno/una*

¿Dónde hay una estación de metro?
Hay una cerca.

HAY + *unos/unas, dos/tres/...* + sustantivo contable plural
  + *unos/unas, dos/tres/...*

En Madrid hay muchos cines.
En mi barrio hay dos.

NO HAY + sustantivo contable singular o plural

En Valdemanco no hay estación de ferrocarril.

HAY/NO HAY + sustantivo no contable

¿Hay pan?
No hay agua en la botella.

ESTÁ/ESTÁN

ESTÁ + sustantivo singular	*¿Dónde está la Biblioteca Nacional?*
ESTÁN + sustantivo plural	*¿Dónde están mis deportivas?*

Usa hay:

- **Para indicar o preguntar por la existencia de algo:**

    - ¿Hay una cafetería por aquí?

    • Sí, hay una en la calle siguiente.

- **... o por la situación de algo desconocido para ti:**

    ¿Dónde hay una estación de metro?

    Hay no se usa nunca con **el/la/los/las,** ni con **mi/tu/su**...

    ~~¿Dónde hay el cine?~~

    ~~¿Dónde hay mis deportivas?~~

Usa está/están:

- **Para indicar o preguntar por la situación de algo que sabes que existe:**

    Tus deportivas están en el armario.

    ¿Dónde está la Biblioteca Nacional?

Ejercicios

1. Observa el aula y escribe frases afirmativas o negativas con *hay* y las palabras entre paréntesis.

a. (pupitres)   *Hay seis pupitres.* ....

b. (ventanas) ....

c. (sillas) ....

d. (mesa) ....

e. (pizarra) ....

f. (cortinas) ....

g. (libros) .... en los pupitres.

h. (alumnos) ....

i. (mapa) ....

j. (reloj) ....

k. (vaso) .... en la mesa.

l. (agua) .... en el vaso.

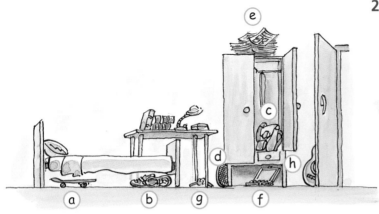

2. Ayuda a Pepe a encontrar sus cosas en la habitación. Observa la ilustración y dile dónde están.

deportivas · guitarra · llaves ·
mochila · monopatín · ordenador ·
raqueta · tebeos

a. *El monopatín está* .... debajo de la cama.

b. .... debajo de la cama.

c. .... dentro del armario.

d. .... detrás del armario.

e. .... encima del armario.

f. .... debajo del armario.

g. .... debajo de la mesa.

h. .... detrás de la puerta.

3a. Observa el plano y completa las frases con *hay* o *está* en afirmativa o negativa.

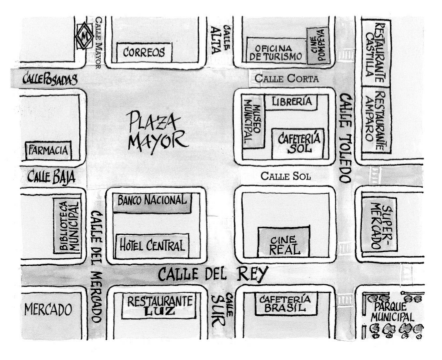

a. ......*No hay*...... restaurantes en la Plaza Mayor.

b. .... una parada de metro en la calle Mayor.

c. La cafetería Brasil .... en la calle del Rey.

d. .... un supermercado en la calle Toledo.

e. El cine Real .... en la Plaza Mayor.

f. El parque municipal .... en la calle Toledo.

g. .... una farmacia en la calle Baja.

h. En la calle Toledo .... dos restaurantes.

i. El restaurante Luz .... en la calle del Rey.

j. El cine Pompeya .... en la calle Alta.

k. .... bancos en la calle del Rey.

3b. Observa el plano y completa los diálogos con *hay* o *está* y la localización del establecimiento.

a. - Perdone, ¿...*hay*... un banco por aquí?   • Sí, ... uno en ......*la Plaza Mayor*...... .

b. - Perdona, ¿dónde .... la cafetería Brasil?   • .... en ....

c. - Perdone, ¿............ un parque por aquí?   • Sí, ... uno en ....

d. - Perdona, ¿............ una parada de metro por aquí?   • Sí, ... una en ....

e. - Oye, ¿dónde .... la Biblioteca Municipal?   • .... en ....

f. - Perdona, ¿............ una oficina de Correos cerca?   • Sí, ... una en ....

g. - Perdone, ¿dónde .... la Oficina de Turismo?   • .... en ....

4. Completa las frases con *hay*, *está* o *están*.

a. En mi pueblo ......*hay*...... dos cines.

b. ¿Dónde .... tu hermano?

c. ¿Dónde .... una parada de autobús?

d. ¿Dónde .... el Museo del Prado?

e. ¿Dónde .... mi camisa?

f. Mamá, ... un señor en la puerta.

g. ¿ .... leche en la nevera?

h. Mamá, ¿dónde .... la leche?

i. ¿Qué .... en esta bolsa?

j. ¿Dónde .... mi mochila?

k. En mi ciudad .... dos bibliotecas.

l. ¿ .... agua en la botella?

Es el padre de Alicia.
Trabaja en un banco.

Los domingos
me levanto tarde.

¿Qué **comes**?

Los cocodrilos **viven** junto a los ríos.
Se alimentan de otros animales.

PRESENTE DE INDICATIVO: VERBOS REGULARES

	verbos acabados en -ar	verbos acabados en -er	verbos acabados en -ir
	TRABAJAR	BEBER	VIVIR
(yo)	trabajo	bebo	vivo
(tú)*	trabajas	bebes	vives
(usted)	trabaja	bebe	vive
(él,ella)	trabaja	bebe	vive
(nosotros/as)	trabajamos	bebemos	vivimos
(vosotros/as)**	trabajáis	bebéis	vivís
(ustedes)	trabajan	beben	viven
(ellos/as)	trabajan	beben	viven

* (vos) trabajás
bebés
vivís
** (ustedes) trabajan
beben
viven

	LLAMARSE
(yo)	me llamo
(tú)*	te llamas
(usted)	se llama
(él,ella)	se llama
(nosotros/as)	nos llamamos
(vosotros/as)**	os llamáis
(ustedes)	se llaman
(ellos/as)	se llaman

* (vos) te llamás

** (ustedes) se llaman

Usa el Presente de Indicativo:

- **Para situaciones permanentes del presente:**

  El padre de Alicia trabaja en un banco.

- **Para verdades generales o universales:**

  Los cocodrilos viven junto a los ríos.

- **Para costumbres o acciones que hacemos con cierta regularidad:**

  Los domingos me levanto tarde.

- **Para acciones que suceden en el momento de hablar:**

  ¿Qué comes?

Ejercicios

1. Escribe las formas del *Presente de Indicativo* de los verbos siguientes:

	amar	lavarse	correr	subirse
(yo)	....	....	....	....
(tú)	....	....	....	....
(usted)	....	....	....	....
(él, ella)	....	....	....	....
(nosotros/as)	....	....	....	....
(vosotros/as)	....	....	....	....
(ustedes)	....	....	....	....
(ellos/as)	....	....	....	....

2. Completa con las formas del verbo en afirmativa o negativa.

amar · beber · buscar · desear · estudiar · hablar · llevar · mirar · vivir

a
¿Qué ....?

Mi raqueta.

b
Mira, Lola ....
un sombrero vaquero.

Nada, perdona.

d
¿Qué ....?

c
Buenos días.

¿Qué ....?

e
¿Dónde ....
español?

En una academia.

g
¿...........................
árabe?

f
¿ ....
en Ecuador?

No, ...
en España.

No. .... inglés,

pero .... árabe.

i
¿Qué ....?

h
¿Me ....,
Mónica?

Lo siento Jaime, ...

te ....

Agua.

3. Observa el árbol genealógico y completa las palabras de los personajes.

JUAN

(a)

Me llamo Juan. Mis padres .... y .... Mi hermano .... y mi hermana ...., como mi madre.

RAMÓN — PILAR

ROSA

FELIPE — ROSA

JUAN — ROSA

RAMÓN

ROSA

(b)

Mi madre y yo ...., y mi abuela ....

(c)

Mi abuelo y yo ....

RAMÓN

4. Completa las frases sobre el mundo animal con los verbos señalados.

alimentarse · beber · caminar · comer · correr · llevar · pesar · reunirse ·

vivir · cazar

a. Los cocodrilos ....*se alimentan*.............. de otros animales.

b. Los elefantes macho .... 3.000 kilos.

c. El oso polar .... grandes distancias.

d. Los tigres .... alrededor de 20 años.

e. Los lobos .... en pequeños grupos.

f. El águila .... pequeños animales.

g. Las jirafas .... hojas de los árboles.

h. El guepardo .... a 120 kilómetros por hora.

i. El elefante africano .... 100 litros de agua al día.

j. Los canguros .... sus crías en una bolsa.

k. Las cigüeñas .... ranas y peces.

5. Completa las preguntas.

a. Vivimos en xxxx.   Perdón, ¿dónde ....*viven*........ ustedes?

b. Me llamo xxxx.   Perdón, ¿cómo .... usted?

c. Mi hermano y yo nos levantamos   ¿A qué hora .... tu hermano
   a las xxxx.   y tú?

d. Los domingos me levanto a   ¿A qué hora .... los domingos?
   las xxxx.

e. Me ducho por la xxxx.   ¿Cuándo ....?

f. Antes de xxxx me lavo los   ¿Cuándo .... los dientes?
   dientes.

g. Mi hermana y yo estudiamos   ¿Qué ....?
   xxxx.

h. Sólo bebo xxxx.   ¿Qué ....?

i. Odio el xxxx.   ¿Qué ....?

j. Escribo xxxx.   ¿Qué .... usted?

6. Completa las frases en afirmativa o negativa, según tu caso.

a. ....*Vivo/No vivo*........ (vivir) en Argentina.

b. .... (vivir) con mis padres.

c. Mi profesor/a .... (hablar) español muy bien.

d. Mis padres .... (hablar) español.

e. .... (coleccionar) sellos.

f. .... (coleccionar) postales.

g. .... (llevar) uniforme.

h. .... (llevar) vaqueros.

i. .... (tocar) la guitarra.

j. Mi padre .... (trabajar) en una oficina.

k. Los fines de semana .... (trabajar).

l. .... (llevar) gafas.

m. Mi compañero/a .... (odiar) las matemáticas.

n. .... (odiar) el fútbol.

ñ. En verano .... (bañarse) en el mar.

7. Escribe las formas del *Presente de Indicativo* de los verbos siguientes.

amar   *lavarse*   *correr*   *subirse*

(vos)   ....

(ustedes)   ....

8. Completa con la forma adecuada del verbo.

buscar · comer · escribir · estudiar · mirar · tocar

ⓐ
¿Qué instrumento
..........................?
La guitarra. ¿Y vos?

Yo ....
el piano.

ⓑ
¿Qué ....?
Medicina. ¿Y vos?

Yo ....
arquitectura.

ⓒ
¿Qué ....?
La Avenida Insurgentes.

ⓓ
¿Qué ....,
niños?
Chocolate.
Tenemos hambre.

ⓔ
Soy escritor.
¿Qué ....?
Libros para niños.

ⓕ
¿Qué ....?
Nada, perdona.

Prefiero el cine

Me gusta el teatro, pero **prefiero** el cine.

¿**Cierro** la ventana?

Los sábados **me acuesto** tarde.

PRESENTE DE INDICATIVO: VERBOS IRREGULARES (1)

| (yo) | (tú)* | (usted) | (él,ella) | (nosotros/as) | (vosotros/as)* | (ustedes) | (ellos/as) |

A.) e- > ie — CERRAR

| cierro | cierras | cierra | cierra | cerramos | cerráis | cierran | cierran |

También… despertar, despertarse, divertirse, empezar, encender, entender, pensar, perder, querer, mentir, preferir.

* (vos) cerrás   ** (ustedes) cierran

B.) e- > i — CORREGIR

| corrijo | corriges | corrige | corrige | corregimos | corregís | corrigen | corrigen |

También… medir, vestirse.

* (vos) corregís ** (ustedes) corrigen

C.) o- > ue — PODER

| puedo | puedes | puede | puede | podemos | podéis | pueden | pueden |

u- > ue — JUGAR

| juego | juegas | juega | juega | jugamos | jugáis | juegan | juegan |

También… acostarse, costar, dormir, encontrar, soñar, volar, volver.

* (vos) podés, jugás ** (ustedes) pueden, juegan

D.) c- > zc — CONOCER

| conozco | conoces | conoce | conoce | conocemos | conocéis | conocen | conocen |

También… conducir, traducir.

* (vos) conocés ** (ustedes) conocen

E.) i- > y — HUIR

| huyo | huyes | huye | huye | huimos | huis | huyen | huyen |

También… construir, destruir.

* (vos) huis   ** (ustedes) huyen

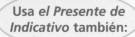

Mira
los usos del *Presente de Indicativo*
en el Tema 11

Usa *el Presente de Indicativo* también:

• **Para hacer sugerencias:**

¿Cierro la ventana?

¿Jugamos al fútbol?

Ejercicios

1. Escribe las formas del *Presente de Indicativo* de los verbos siguientes:

	pensar	vestirse	dormir	conducir	destruir
(yo)	....	....	....	....	....
(tú)	....	....	....	....	....
(usted, él, ella)	....	....	....	....	....
(nosotros/as)	....	....	....	....	....
(vosotros/as)	....	....	....	....	....
(ustedes, ellos/as)	....	....	....	....	....

2. Completa con la forma adecuada del *Presente de Indicativo* de los verbos señalados.

cerrar · conocer · despertar · encender · encontrar · preferir · querer

ⓐ ¿.................... a Rosa? No, no la ....

ⓑ ¿.................... la luz? Sí, gracias.

ⓒ ¿.................... la puerta? Sí, gracias.

ⓓ .... ir al cine? .... ir al teatro.

ⓔ No .... mi blusa blanca.

ⓕ ¿.................... ustedes carne o pescado?

ⓖ ¿.................... a papá?

3. Completa estas frases sobre el mundo animal con los verbos del recuadro en afirmativa o negativa.

construir · despertar · dormir · huir · medir · morder · poder · volar

a. Los osos ....*duermen*........ todo el invierno y ....*despiertan*........ en primavera.

b. El emú es un ave pero .... volar.

c. Algunos osos .... 3,50 metros de altura.

d. Los gatos .... de los perros.

e. El cocodrilo hembra .... un nido en forma de montaña.

f. El cóndor .... a gran altura.

g. Los murciélagos .... a sus víctimas.

4. Completa las preguntas a partir de las respuestas.

a. Durante la semana me acuesto a las xxxx. ¿A qué hora ....*se acuesta*........ usted durante la semana?

b. Y normalmente duermo xxxx horas. ¿Cuántas horas ....?

c. Pues nosotros nos acostamos a las xxxx. ¿A qué hora .... ustedes?

d. Y normalmente dormimos xxxx horas. ¿Cuántas horas ....?

e. Los sábados me acuesto a las xxxx. ¿A qué hora .... los sábados?

f. Algunas noches sueño con xxxx. ¿Con quién ....?

g. Siempre me visto antes de xxxx. ¿Cuándo ....?

h. Conozco a xxxx. ¿A quién ....?

i. Pues nosotros conocemos a xxxx. ¿A quién .... vosotros?

j. Me divierto mucho en xxxx. ¿Dónde .... mucho?

k. Pues nosotros nos divertimos mucho en xxxx. ¿Dónde .... vosotros?

5. Completa en afirmativa o negativa según corresponda.

a. *Huyo/No huyo* .... (huir) cuando hay peligro.

b. .... (conocer) a muchos personajes famosos.

c. Mi compañero/a .... (querer) ser profesor/a.

d. En verano .... (despertarse) temprano.

e. .... (vestirse) antes de desayunar.

f. En mi ciudad, los bancos .... (cerrar) los domingos.

g. Las clases .... (empezar) a las nueve.

h. En el instituto, ... (corregir) los ejercicios en clase.

i. .... (entender) la gramática española.

j. Los lunes .... (volver) a casa antes de las diez.

k. Los sábados mi compañero/a .... (volver) a casa antes de las doce.

l. Entre semana .... (acostarse) antes de las doce.

m. Mis padres .... (acostarse) muy tarde los sábados.

n. Los domingos .... (divertirse) mucho.

ñ. Mi compañero/a .... (mentir) mucho.

6. Escribe las formas correspondientes del *Presente de Indicativo* de estos verbos:

	empezar	entender	preferir	vestirse	recordar	construir
(vos)	....	....	....	....	....	....
(ustedes)	....	....	....	....	....	....

7. Completa con los verbos: jugar · querer

(a) ¿Qué .... ser de mayor?

Yo .... ser doctora.

Cantante. ¿Y vos?

(b) ¿.......................... al tenis, Marco?

Sí, pero no muy bien.

¿Adónde **vas**?

A casa de Arturo.

¿**Oyes** algo?

Nada.

Estoy aburrido.

¿**Pongo** la tele?

PRESENTE DE INDICATIVO: VERBOS IRREGULARES (2)

	(yo)	(tú)*	(usted)	(él,ella)	(nosotros/as)	(vosotros/as)**	(ustedes)	(ellos/as)
DAR	doy	das	da	da	damos	dais	dan	dan
ESTAR	estoy	estás	está	está	estamos	estáis	están	están
SER	soy	eres	es	es	somos	sois	son	son
IR	voy	vas	va	va	vamos	vais	van	van
DECIR	digo	dices	dice	dice	decimos	decís	dicen	dicen
HACER	hago	haces	hace	hace	hacemos	hacéis	hacen	hacen
OÍR	oigo	oyes	oye	oye	oímos	oís	oyen	oyen
PONER	pongo	pones	pone	pone	ponemos	ponéis	ponen	ponen

También... ponerse.

	(yo)	(tú)*	(usted)	(él,ella)	(nosotros/as)	(vosotros/as)**	(ustedes)	(ellos/as)
SALIR	salgo	sales	sale	sale	salimos	salís	salen	salen
TENER	tengo	tienes	tiene	tiene	tenemos	tenéis	tienen	tienen
VENIR	vengo	vienes	viene	viene	venimos	venís	vienen	vienen
SABER	sé	sabes	sabe	sabe	sabemos	sabéis	saben	saben
VER	veo	ves	ve	ve	vemos	veis	ven	ven

   * (vos) das, estás, sos, vas, decís, hacés, oís, ponés, salís, tenés, venís, sabés, ves

  ** (ustedes) dan, están, son, van, dicen, hacen, oyen, ponen, salen, tienen, vienen, saben, ven

Mira
los usos del *Presente de Indicativo* en
los Temas 11 y 12

1. Completa con la forma adecuada del *Presente de Indicativo* de los verbos siguientes.

dar · decir · estar · hacer · ir · oír ·
poner · saber · tener · salir · venir · ver

ⓐ ¿Qué ....?
¿Qué ...., No ...., ... nada.
María?
Muchos pájaros.

ⓑ No, sólo ....
hablar español.
¿.......................
hablar inglés?

ⓒ

ⓓ Qué .... los domingos?
.... con mis amigos.

ⓔ ¿Adónde ....?
.... a la playa.

ⓕ ¿Me ....
un churro?

ⓖ ¿De dónde ....?
.... de la piscina.

ⓗ ¿....................... música?

ⓘ ¿.......................
a casa?
No, gracias, ...
cansado.

Lo siento, ... mucha hambre.

2. Lee la carta y completa los espacios en blanco con la forma adecuada del *Presente de Indicativo* de los verbos entre paréntesis.

Querida Julia:

Gracias por tu carta. Hoy *es* (ser) sábado y no .... (tener) clase. Normalmente, los sábados por la mañana .... (quedarse) en casa y .... (hacer) los deberes. Por la tarde .... (salir) con mis amigas: .... (ir) al cine o .... (dar) una vuelta por el centro. Los domingos por la mañana .... (jugar) al baloncesto con el equipo de mi colegio. Por la tarde .... (ver) la televisión un poco. Y tú, ¿qué .... (hacer) los fines de semana? Escríbeme.

Adiós. Besos, Laura

3. Completa la entrevista con la forma adecuada del *Presente de Indicativo* de los verbos siguientes:

dar • estar • estudiar • hacer • ir • jugar • llamarse • querer • salir • ser • tener • ver

P. ¿Cómo ...*te llamas*...?

R. Raquel.

P. ¿Qué ....?

R. Tercero de Secundaria.

P. ¿Cómo .... al instituto?

R. .... a pie.

.... muy cerca.

P. ¿ .... hermanos?

R. Sí, ... un hermano y una hermana.

P. ¿ .... también al instituto?

R. No, ... pequeños.

.... 9 y 7 años.

.... al colegio.

P. ¿ .... algún deporte?

R. .... al baloncesto.

P. ¿Qué .... después de las clases?

R. .... los deberes y

.... la televisión.

P. ¿ .... con amigos los fines de semana?

R. Sí, ... con mis amigas.

P. ¿Qué ....?

R. .... una vuelta.

P. ¿ .... al cine alguna vez?

R. Sí, ... mucho al cine.

.... ser actriz.

4. Haz sugerencias para lo siguiente:

a. A un amigo: ¿...*Vamos al cine*...? (ir al cine)

b. A un amigo: ¿.......................? (dar un paseo)

c. A un amigo: ....? (salir el domingo)

d. A un amigo: ¿.......................? (ir a la playa)

e. En la playa, a un amigo: ¿.......................? (hacer un castillo)

f. En tu casa, a un amigo: ¿.......................? (ver la tele)

g. En tu casa, a un amigo: ¿.......................? (ver un vídeo)

h. A tu madre: ¿.......................? (poner la mesa)

i. A tu madre: ¿.......................? (ir a comprar el pan)

j. A tu madre: ¿.......................? (poner la radio)

5. Completa en afirmativa o negativa, según corresponda en tu caso.

a. Mi compañero/a y yo _somos/no somos_ .... (ser) muy estudiosos.

b. .... (saber) usar un ordenador.

c. Mis padres .... (ver) mucho la tele.

d. Mis padres .... (salir) todos los domingos.

e. Mi compañero/a y yo .... (venir) al centro en bici.

f. Los domingos .... (ponerse) ropa elegante.

g. .... (estar) cansado.

h. Mi compañero/a .... (decir) muchas mentiras.

6. Completa con los verbos siguientes: hacer · oír · ir · salir · tener

ⓐ

¿........................ plata?

No tengo un peso.

ⓑ

¿Adónde ....?

.... pescar.

ⓒ

¿Qué .... los sábados?

.... con mis amigas.

ⓓ

¿........................ algo?

No, nada.

Siempre hago los deberes

¿Vas **mucho** al cine?

Sí. **Normalmente** voy todos los sábados.

¿Y vas **alguna vez** al teatro?

Casi nunca. Una vez al año con el colegio.

Yo hago **siempre** los deberes, pero Felipe **no** los hace **nunca**.

EXPRESIONES DE FRECUENCIA

A. **Siempre, casi siempre, normalmente, a menudo, a veces, casi nunca, nunca.**

SIEMPRE	100%
CASI SIEMPRE	95%
NORMALMENTE	90%
A MENUDO	75%
A VECES	35%
CASI NUNCA	10%
NUNCA	0%

0%   50%   100%

Fíjate dónde van estas expresiones:

• *Siempre, casi siempre, normalmente, a menudo, a veces.*

Normalmente/siempre... + verbo:	*Enrique siempre come en casa.*
Verbo + *normalmente/siempre...:*	*Enrique come siempre en casa.*
Al final de la frase:	*Enrique come en casa siempre.*

• **Nunca, casi nunca.**

Nunca... + verbo:	*Lola nunca come en casa.*
No + verbo + *nunca...:*	*Lola no come nunca en casa.*

B. Todos los días, todos los domingos, todas las semanas, una vez al mes, dos veces al año.

Todos los + *días, meses, lunes/martes...:*   *Todos los fines de semana vamos al pueblo de mis padres.*

Todas las + *semanas, mañanas, noches...:*   *Me lavo los dientes todas las noches antes de acostarme.*

Una vez, dos/tres... veces *al + día, mes, año:*   *Visitamos a nuestra abuela una vez al mes.*
a la *semana:*   *Voy a clase de español dos veces a la semana.*

Usa *siempre, normalmente, todos los días...:*

• **Para expresar frecuencia:**

Yo hago siempre los deberes pero Felipe no los hace nunca.

Voy al teatro una vez al año.

Ejercicios

1. Vuelve a escribir las frases sobre Juana con las expresiones de frecuencia adecuadas. (Fíjate en la gráfica de la página 70.)

a. Juana llega puntual a clase. (100%)   *Juana llega siempre puntual a clase.*
....

b. Estudia por la tarde. (90%)   ....

c. Lee revistas en español. (35%)   ....

d. Los sábados por la mañana juega al baloncesto. (100%)   ....

e. Sale con las amigas por la tarde. (35%)   ....

f. No sale por la noche. (0%)   ....

g. Los domingos por la mañana va a misa. (95%) ....

h. Por la tarde va al cine. (75%)   ....

i. No lleva vaqueros. (0%)   ....

j. No come carne. (10%)   ....

2. ¿Con qué frecuencia hace Juana lo siguiente? Observa y escribe.

... se lava las manos?

Enero 2002
Lunes
21
Sta. Inés
Fiesta en EE.UU y Palma de Mallorca

a. *Se lava las manos tres veces al día.*

... se ducha?

㉑ ㉒ ㉓ ㉔ ㉕ ㉖ ㉗

b. ....

....

... se lava el pelo?

21 22 ㉓ 24 ㉕ 26 ㉗

c. ....

....

... se lava los dientes?

☾ ㉑ ㉒ ㉓ ㉔ ㉕ ㉖ ㉗

d. ....

....

... arregla su habitación?

	S	D
	5	⑥
e.	12	⑬
	19	⑳
....	26	㉗

... hace gimnasia?

☀ ㉑ ㉒ ㉓ ㉔ ㉕ ㉖ ㉗

f. ....

....

... estudia español?

㉑ ㉒ ㉓ ㉔ ㉕ ㉖ ㉗

g. ....

....

... va al dentista?

(calendario anual 2002)

... sale con sus amigas?

	S	D
	5	⑥
i.	12	⑬
	19	⑳
....	26	㉗

... va a la discoteca?

☐	1	2	3	4	5	6
7	8	9	10	11	12	13
14	15	16	17	18	⑲	20
21	22	23	24	25	26	27
28	29	30	31			

j. ....

....

... va a clase de música?

21 22 23 ㉔ 25 26 27

k. ....

....

... visita a sus abuelos.

☐	1	2	3	4	5	6
7	8	9	10	11	12	13
14	⑮	16	17	18	19	20
21	22	23	24	㉕	26	27
28	29	30	31			

l. ....

....

h. ....

....

3. ¿Con qué frecuencia haces tú esas actividades?

a. Me lavo las manos *tres veces al día* ....

b. Me ducho ....

c. Me lavo el pelo ....

d. Me lavo los dientes ....

e. Arreglo mi habitación ....

f. Hago gimnasia ....

g. Estudio español ....

h. Voy al dentista ....

i. Salgo con mis amigos/as ....

j. Voy a la discoteca ....

4. Vuelve a escribir las frases con la expresión de frecuencia adecuada a tu caso. ¡Sé sincero!

a. Hago los deberes. *Hago los deberes todos los días.* ....

b. Voy al cine. ....

c. Llego tarde a clase. ....

d. Como chicle en clase. ....

e. Copio en los exámenes. ....

f. Bebo alcohol. ....

g. Bebo café. ....

h. Veo la tele. ....

i. Juego al tenis. ....

j. Voy al teatro. ....

k. Leo en la cama. ....

l. Me acuesto tarde. ....

m. Ayudo en casa. ....

O, Y, NI, PERO

Usa *o, y, ni* y *pero* para unir palabras o frases.

O

(+) *¿Habláis inglés?* **+** (+) *¿Habláis francés?* = *¿Habláis inglés o francés?*

Pero... u + 'o'/'ho'

¿Hablas alemán u holandés?

Y

(+) *Hablo inglés.* **+** (+) *Hablo francés.* = *Hablo inglés y francés.*

Juan es estudiante. **+** *Pedro es estudiante.* = *Juan y Pedro son estudiantes.*

Pero... e + 'i'/'hi'

Hablo francés e inglés.

Felipe e Ignacio son estudiantes.

Ni

(–) *No hablo francés.* **+** (–) *No hablo inglés.* = *No hablo francés ni inglés.*

No me gustan las hamburguesas ni las pizzas.

Ni... Ni

(–) *Juan no tiene dinero.* **+** (–) *Yo no tengo dinero.* = *Ni Juan ni yo tenemos dinero.*

Lola no habla francés. **+** *Carmen no habla francés.* = *Ni Lola ni Carmen hablan francés.*

Pero

(+) *Hablo francés.* ✚ (–) *No hablo inglés.* = *Hablo francés* pero *no hablo inglés.*

(+) *Carmen es guapa.* ✚ (+) *Carmen es antipática.* = *Carmen es guapa* pero *es antipática.*

(–) *No hablo francés.* ✚ (+) *Hablo inglés.* = *No hablo francés* pero *hablo inglés.*

(+) *Felipe es feo.* ✚ (+) *Felipe es simpático.* = *Felipe es feo* pero *simpático.*

Ejercicios

1. Lee las respuestas de Andrés y Lola a un cuestionario sobre el tiempo libre, y completa las frases con *y*, *ni* o *pero*.

¿Ves la tele? ☑   ¿Ves vídeos? ☑
¿Lees libros? ☑   ¿Lees tebeos? ☒
¿Juegas al fútbol? ☑   ¿Juegas al tenis? ☒
¿Vas al cine? ☒   ¿Vas al teatro? ☒
¿Escuchas música? ☑   ¿Vas a conciertos? ☒
¿Montas en bici? ☒   ¿Montas en monopatín? ☒
¿Vas a la playa? ☑   ¿Vas a la piscina?

¿Ves la tele? ☑   ¿Ves vídeos? ☒
¿Lees libros? ☑   ¿Lees tebeos? ☒
¿Juegas al fútbol? ☒   ¿Juegas al tenis? ☒
¿Vas al cine? ☑   ¿Vas al teatro? ☑
¿Escuchas música? ☑   ¿Vas a conciertos? ☑
¿Montas en bici? ☑   ¿Montas en monopatín? ☒
¿Vas a la playa? ☒   ¿Vas a la piscina? ☒

a. Veo la tele ......**y**...... veo vídeos.

b. Leo libros .... tebeos.

c. Juego al fútbol .... no juego al tenis.

d. No voy al cine .... al teatro.

e. Escucho música .... no voy a conciertos.

f. No monto en bici .... en monopatín.

g. Voy a la playa .... no a la piscina.

h. Veo la tele .... no veo vídeos.

i. Leo libros .... no leo tebeos.

j. No juego al fútbol .... al tenis.

k. Voy al cine .... al teatro.

l. Escucho música .... voy a conciertos.

m. Monto en bici .... no en monopatín.

n. No voy a la playa .... a la piscina.

2. Observa la ilustración y completa las conversaciones.

Hallo! Ciao!

Olá! ¡Hola!

Yambo! ¡Hello!

Ciao! ¡Hola!

Ojayo, Hello! ¡Hola!

Hello! Salut!

Salam, Salut!

Hello! Namaste

Yasu, Ciao!

Salut! Hallo!

¡Hola! Hello!

HANS · VICTORIA · YOMO · PAOLA · AKIRO · LINDA · FÁTIMA · RAJIV · SOFÍA · PIERRE · CARMEN

CLUB INTERNACIONAL

Ciao! = *italiano* • Hello! = *inglés* • ¡Hola! = *español* • Olá! = *portugués*
Salut! = *francés* • Hallo! = *alemán* • Salam = *árabe* • Ojayo = *japonés*
Yambo! = *suajili* • Namaste = *hindi* • Yasu = *griego*

a. Pierre: ¿Qué idiomas hablas, Hans?

Hans: *Hablo alemán e italiano.*
....

b. Carmen: ¿Qué idiomas habláis, Rajiv y

Fátima?

Rajiv: ....

Fátima: ....

c. Victoria: ¿Qué idiomas hablas, Pierre?

Pierre: ....

d. Pierre: ¿Hablas francés ....

alemán, Victoria?

Victoria: ....

e. Rajiv: ¿Qué idiomas hablas, Linda?

Linda: ....

f. Akiro: ¿Hablas inglés ....

japonés, Carmen?

Carmen: ....

g. Yomo: ¿Hablas suajili .... inglés,

Akiro?

Akiro: ....

h. Victoria: ¿Qué idiomas hablas, Paola?

Paola: ....

i. Linda: ¿Qué idiomas hablas, Yomo?

Yomo: ....

j. Paola: ¿Qué idiomas hablas, Sofía?

Sofía: ....

3. Une las frases con *y*, *ni*, *ni… ni*, o *pero*.

a. Juan es alto. Juan es delgado.

Juan es alto y delgado.
....

b. No es guapo. No es simpático.

....

....

c. Habla francés. Habla inglés.

....

d. Toca el piano. Toca el violín.

....

e. No le gusta el baloncesto.
   Le gusta el fútbol.

....

f. Le gustan las matemáticas.
   Le gusta la geografía.

....

g. Alberto no es guapo.
   Es simpático.

....

h. No es alto. No es fuerte.

....

i. No estudia. Aprueba.

....

....

j. Le gusta la informática.
   No le gustan las ciencias.

....

....

k. Hace esquí. Hace atletismo.

....

l. María es española. Isabel es española.
   Luis es español.

....

m. María no es alta. Isabel no es alta.

....

n. Isabel no es rubia. Luis no es rubio.

....

ñ. Isabel no tiene los ojos azules.
   Luis no tiene los ojos azules.

....

o. María habla portugués. Isabel habla portugués.

....

p. María no tiene hermanos.
   Luis no tiene hermanos.

....

q. Luis es estudiante. Isabel es estudiante.

....

r. María no fuma. Luis no fuma.

....

s. Luis no hace deporte. Isabel no hace deporte.

....

t. A Luis no le gusta la música clásica.
   A María no le gusta la música clásica.

....

¿Qué **estás haciendo**?

Estoy escuchando a Marisa. Está tocando el piano.

Un momento. **Me estoy peinando**.

¿Cómo están los niños?

Muy bien. Ahora **están durmiendo**.

ESTOY + GERUNDIO

	Presente de Indicativo de estar + gerundio del verbo principal		
(yo)	estoy		
(tú)*	estás		
(usted)	está		
(él, ella)	está	+	trabajando
(nosotros/as)	estamos		
(vosotros/as)**	estáis		
(ustedes)	están		
(ellos/as)	están		

* (vos) estás trabajando
** (ustedes) están trabajando

• **Formación del gerundio:**

- **Verbos regulares:**

Verbos acabados en -ar:
trabajar ➤ trabajando

Verbos acabados en -er o -ir:
comer ➤ comiendo
escribir ➤ escribiendo

- **Verbos irregulares:**

e ➤ i: decir ➤ diciendo
También… corregir, vestirse
o ➤ u: dormir ➤ durmiendo
También… morir, morirse
vocal + -er/-ir ➤ y + endo: leer ➤ leyendo
También… construir, oír

• **Verbos con se: ducharse, vestirse…**

Me/te/se/nos/os/se + Presente de estar + gerundio ➤ Me estoy duchando.

Presente de estar + gerundio-me/te/se/nos/os/se ➤ Estoy duchándome.

Usa estoy + gerundio para:

• **Acciones que están sucediendo en el momento de hablar:**

- ¿Cómo están los niños?
• Muy bien. Ahora están durmiendo.

Ejercicios

1. Escribe el *gerundio* de los siguientes verbos:

a. estudiar ....

b. beber ....

c. correr ....

d. salir ....

e. vivir ....

f. pedir ....

g. corregir ....

h. morir ....

i. construir ....

j. oír ....

2. Completa con los verbos señalados.

bañar · construir · dormir ·
ducharse · hacer · lavarse ·
morirse · ver · vestirse

a

No puedo,
...uan, teléfono. ....

c

¿Qué ...., ...
niños?   al perro.

b

¿Qué

..................................?

Una película.

d

¡Pobre animal!

....

e

¡Lali!

Un momento,

....

f

Espera, ...
los dientes.

g

Shh, ...
el niño.

h

....
un avión.

¿Qué

..................................?

3. Observa esta escena de un parque. ¿Qué están haciendo los personajes? Utiliza las expresiones señaladas.

beber un refresco · cantar · comer patatas fritas · correr · dormir debajo de un árbol · escuchar música · jugar al fútbol · jugar al tenis · leer el periódico · leer un libro · montar en bici · tocar la guitarra

a. Una señora *está leyendo el periódico* .

b. Un señor .... y

....

c. Una chica ....

d. Unos chicos ....

e. Dos niños ....

f. Un señor ....

g. Una chica y un chico ....

h. Un chico .... y otro

....

i. Un chico ....

j. Una chica ....

4. Escribe lo que estas personas hacen en cada ilustración. Utiliza los verbos señalados.

comer · correr · dormir · dibujar · hacer · jugar · leer · nadar · pintar

Ilustración A

Mónica está comiendo un helado.

....
....
....
....
....
....
....
....
....
....
....

Ilustración B

Mónica está comiendo patatas fritas.

....
....
....
....
....
....
....
....
....
....
....

¿Adónde **vas a ir** este verano?

Voy a ir a la playa.

Mis padres **van a salir** esta noche. Podemos hacer una fiesta.

Se va a caer.

VOY A + INFINITIVO

	Presente de Indicativo del verbo ir + a + infinitivo del verbo principal
(yo)	voy
(tú)*	vas
(usted)	va
(él,ella)	va a + jugar
(nosotros/as)	vamos
(vosotros/as)**	vais
(ustedes)	van
(ellos/as)	van

* (vos) vas
** (ustedes) van

- **Verbos con** *se:*

  Me/te/se/nos/os/se + Presente de *ir* + a + verbo principal: → *Se va a caer.*

  Presente de *ir* + verbo principal + *me/te/se/nos/os/se:* → *Va a caerse.*

Usa *voy a + infinitivo* para:

- **Hablar de planes futuros, con expresiones de tiempo como 'mañana', 'esta noche', 'este verano', 'el sábado que viene', 'el próximo domingo'…**

  ¿Adónde vas a ir este verano?

  Mis padres van a salir esta noche.

- **Hablar de algo que está a punto de suceder:**

  Se va a caer.

verano?

1. ¿Qué planes tiene Isabel para las vacaciones? Usa los verbos señalados.

bañarse · comer · dormir · ir · jugar · levantarse · montar

a. ....*Se va a levantar*.................... a las doce.

b. .... en la piscina.

c. .... con una amiga.

d. .... en bici.

e. .... con la videoconsola.

f. .... a pescar.

g. .... muchos helados.

h. .... mucho.

2. Escribe las frases con los verbos señalados.

comer · estrellarse · ganar · hacer · llover · pegarse · salir · tirarse · ir

ⓐ
....
....

ⓑ
....
....

ⓒ
Mira, ...
.... el sol.

ⓓ
¡Socorro!
....

A

ⓔ
....
....

ⓕ
....
....

ⓖ
....
....

ⓗ
¿Qué
..............................?

ⓘ
¿..............................
esta noche?

Sí, ...
al teatro.

....
....
aquí.

3. Completa el diálogo.

◆ ¿Qué ....**vas a hacer**........... (hacer) este fin de semana?

◆ El sábado por la mañana .... (jugar) al

baloncesto con el equipo del cole.

◆ ¿Y por la tarde?

◆ Primero .... (ir) a casa de Carlos.

.... (bañarse) en su piscina. Luego

.... (ir) al cine con Carlos y

Lola.

◆ ¿Qué ....? (ver)

◆ .... (ver) una película

china.

◆ ¿Y después?

◆ .... (visitar) a Luisa. Está en la cama.

◆ Y el domingo, ¿qué ....? (hacer)

◆ .... (ir) al campo con mis padres.

◆ ¿ .... (comer) en el campo?

◆ Sí, ... (hacer) una merienda junto a un río.

4. Completa estos planes en afirmativa o negativa según corresponda.

a. El próximo domingo ....**voy/no voy a salir**........ (salir) con mis amigos/as.

b. Mis amigos/as y yo .... (hacer) una fiesta el domingo que viene.

c. Mis padres .... (ir) al cine esta noche.

d. El sábado que viene .... (jugar) al tenis.

e. Esta noche .... (hacer) los deberes.

f. El año que viene .... (estudiar) mucho.

g. Mañana .... (ir) a clase.

h. Mi compañero/a y .... (ir) a la playa este verano.

Juan, **cállate.**
No hables en clase.

Escuchad la grabación.
No miréis el libro.

Policía. **Abran,**
por favor.

¡Miguel! ¡**No te comas**
todas las galletas!

Es gripe. **Quédese**
unos días en cama.

IMPERATIVO: VERBOS REGULARES

verbos acabados en **-ar**		verbos acabados en **-er**		verbos acabados en **-ir**		
Afirmativa	Negativa	Afirmativa	Negativa	Afirmativa	Negativa	
estudia	no estudies	come	no comas	abre	no abras	(tú)*
estudie	no estudie	coma	no coma	abra	no abra	(usted)
estudiad	no estudiéis	comed	no comáis	abrid	no abráis	(vosotros/as)*
estudien	no estudien	coman	no coman	abran	no abran	(ustedes)

* estudiá/no estudies, comé/no comas, abrí/no abras (vos)

** estudien/no estudien, coman/no coman, abran/no abran (ustedes)

• **Verbos en se:**

LAVARSE		
Afirmativa	Negativa	
lávate	no te laves	(tú)*
lávese	no se lave	(usted)
lavaos	no os lavéis	(vosotros/as)**
lávense	no se laven	(ustedes)

* lavate/no te laves (vos)

** lávense/no se laven (ustedes)

Usa el Imperativo
para...

• **Instrucciones:**

Escuchad la grabación. No miréis el libro.

• **Consejos o sugerencias:**

Quédese unos días en la cama.

• **Órdenes:**

Juan, cállate. No hables en clase.

Abran, por favor.

1. Escribe las formas de *Imperativo afirmativo* y *negativo* de los verbos siguientes:

	(tú)	(usted)	(vosotros/as)	(ustedes)
bañarse:				
afirmativa	....	....	....	....
negativa	....	....	....	....
correr:				
afirmativa	....	....	....	....
negativa	....	....	....	....
vivir:				
afirmativa	....	....	....	....
negativa	....	....	....	....

**2. Alberto y Rosa son unos alumnos traviesos.
¿Qué les dice la profesora?**

a. Alberto está escribiendo en el pupitre.

  "..........*No escribas*.......... en el pupitre."

b. Alberto y Rosa están hablando en clase.

  "........................... en clase."

c. Alberto y Rosa no se callan. "........................... ."

d. Alberto y Rosa no están escuchando. "........................... ."

e. Rosa está abriendo la ventana. "........................... la ventana."

f. Alberto y Rosa están comiendo chicle en clase. "........................... chicle en clase."

g. Alberto está escuchando el *walkman* en clase. "........................... el *walkman* en clase."

h. Alberto y Rosa están bailando en clase. "........................... en clase."

i. Rosa se está subiendo al pupitre. "........................... al pupitre."

j. Rosa y Alberto tiran papeles al suelo. "........................... papeles al suelo."

3. El Sr. González regaña mucho a sus hijos. ¿Qué les dice?

a. Miguel se come todas las galletas.

"....*No te comas*........................ todas las galletas."

b. Miguel no quiere comerse la sopa. ".. la sopa."

c. Ana se bebe todo el zumo de naranja. ".. todo el zumo de naranja."

d. Miguel quiere beber vino. ".. vino."

e. Miguel y Ana no quieren apagar la televisión. ".. la televisión."

f. Miguel y Ana no quieren lavarse los dientes ".. los dientes."

g. Ana quiere bañar al perro en la bañera. ".. al perro en la bañera."

h. Ana no quiere beberse la leche. ".. la leche."

4. ¿Qué consejos dan estas personas? Utiliza los verbos señalados en afirmativa o negativa.

aprender · beber · comer · comprar · cruzar · quedarse · subirse · tomarse

a. .... más vino.

b. .... en la cama, ... una aspirina y .... mucha agua.

c. .... más pizza.

d. .... esto dos veces al día y .... caramelos.

e. .... español. Es muy útil.

f. .... plátanos Están muy baratos.

h. .... ese balón. Es muy caro. .... este, es más barato.

i. .... a la estatua, por favor.

g. .... por aquí. Es muy peligroso. .... por el semáforo.

5. Escribe las formas de *Imperativo afirmativo* y *negativo* de los verbos siguientes:

	(vos)	(usted)	(ustedes)
bañarse:			
afirmativa	....	....	....
negativa	....	....	....
correr:			
afirmativa	....	....	....
negativa	....	....	....
vivir:			
afirmativa	....	....	....
negativa	....	....	....

6. ¿Qué dicen estas personas? Utiliza los verbos señalados.

bajarse · beber · comer · entrar · escribir ·

hablar · quedarse · tomarse

(a)
¡................................. del pupitre!

(b)
.... en la cama y .... esta medicina.

.... nada hasta esta noche.

(c)
¿Se puede?

Sí. ....

(d)
.... más café. No van a dormir.

(e)
.... en el pupitre. .... en tu cuaderno.

(f)
.... en inglés. .... en español.

No te duermas. Es peligroso.

No cierres la ventana. Hace calor.

¿El cine Amaya, por favor?

Siga todo recto. Está muy cerca.

EL IMPERATIVO: VERBOS IRREGULARES (1)

ELEGIR			
(tú)*	(usted)	(vosotros/as)**	(ustedes)
elige	elija	elegid	elijan
no elijas	no elija	no elijáis	no elijan

* elegí/no elijas (vos)
** elijan/no elijan (ustedes)

También… corregir, pedir, seguir, vestirse.

CERRAR			
(tú)*	(usted)	(vosotros/as)**	(ustedes)
cierra	cierre	cerrad	cierren
no cierres	no cierre	no cerréis	no cierren

* cerrá/no cierres (vos)
** cierren/no cierren (ustedes)

También… despertar, despertarse, divertirse, encender, sentarse.

CONTAR			
(tú)*	(usted)	(vosotros/as)**	(ustedes)
cuenta	cuente	contad	cuenten
no cuentes	no cuente	no contéis	no cuenten

* contá/no cuentes (vos)
** cuenten/no cuenten (ustedes)

También… acostarse, dormir, mover, recordar, volar, volver.

JUGAR			
(tú)*	(usted)	(vosotros/as)**	(ustedes)
juega	juegue	jugad	jueguen
no juegues	no juegue	no juguéis	no jueguen

* jugá/no juegues (vos)
** jueguen/no jueguen (ustedes)

CONDUCIR			
(tú)*	(usted)	(vosotros/as)**	(ustedes)
conduce	conduzca	conducid	conduzcan
no conduzcas	no conduzca	no conduzcáis	no conduzcan

* conducí/no conduzcas (vos)
** conduzcan/no conduzcan (ustede

• **Verbos en *se*:**

DORMIRSE			
(tú)*	(usted)	(vosotros/as)**	(ustedes)
duérmete	duérmase	dormíos	duérmanse
no te duermas	no se duerma	no os durmáis	no se duerman

* dormite/no te duermas (vos)
** duérmanse/no se duerman (usted

Mira los usos del *Imperativo* en el tema 18

Ejercicios

1. Escribe las formas del *Imperativo* de los verbos siguientes:

	(tú)	(usted)	(vosotros/as)	(ustedes)
despertarse:				
afirmativa	....	....	....	....
negativa	....	....	....	....
acostarse:				
afirmativa	....	....	....	....
negativa	....	....	....	....
vestirse:				
afirmativa	....	....	....	....
negativa	....	....	....	....

2. Completa los anuncios con los verbos señalados en afirmativa o negativa.

descansar · despertar · volar

(a) ¿LE GUSTA LA COMODIDAD?

Vuele .... a Hispanoamérica con Aeroflota. .... toda la noche y .... en un nuevo mundo.

estudiar · pensar · perder

(b) CEA

¿No estás contento en tu trabajo?

.... el tiempo.

.... en tu futuro.

.... Informática en Centro de Estudios Avanzados.

conducir · jugar · respetar

(c) 80

.... A LA VELOCIDAD ADECUADA. .... CON SU VIDA. ES UN CONSEJO DE LA DIRECCIÓN DE TRÁFICO.

.... LAS NORMAS.

3. ¿Qué dicen estas personas? Utiliza los verbos señalados en afirmativa o negativa.

conducir · despertar · divertirse · elegir · encender · mover · sentarse · volver

ⓒ
.... la luz.
Me duele la cabeza.

ⓑ
¡.....................! Es la hora del cole.

ⓐ
.... muy deprisa, por favor.

ⓕ
.... a papá.
Está cansado.

ⓔ
.... aquí, por favor.

ⓓ
.... la torre.
No .... el rey.

ⓘ
.... un CD.
Te lo regalo.

ⓗ
.... pero
.... tarde.

ⓖ
¡..................... en el banco!

4. Da direcciones. Utiliza los verbos señalados.

coger · cruzar · seguir

ⓐ

¿El cine Rosales, por favor?

Seguid .... todo recto, ... la primera a la derecha

y luego .... la primera a la izquierda.

ⓑ

¿El Hotel Internacional, por favor?

.... todo recto. .... la

próxima calle y está a la derecha.

ⓒ

¿La Librería Neruda, por favor?

.... todo recto. .... la segunda a la derecha.

¿El Museo Arqueológico, por favor?   ⓓ

.... todo recto, ... la primera a la derecha,

.... la calle y lo verás.

5. Escribe las formas de *Imperativo afirmativo* y *negativo* de los verbos siguientes:

	(vos)	(usted)	(ustedes)
despertarse:			
afirmativa	....	....	....
negativa	....	....	....
acostarse:			
afirmativa	....	....	....
negativa	....	....	....
vestirse:			
afirmativa	....	....	....
negativa	....	....	....

No hagáis ruido

No hagáis ruido.
Papá está durmiendo.

No te pongas ese sombrero.
Es muy feo.

¿Puedo salir de clase?

Sí, **sal.**

EL IMPERATIVO: VERBOS IRREGULARES (2) ··········

DECIR			
(tú)*	(usted)	(vosotros/as)**	(ustedes)
di	diga	decid	digan
no digas	no diga	no digáis	no digan

* decí/no digas (vos)
** digan/no digan (ustedes)

HACER			
(tú)*	(usted)	(vosotros/as)**	(ustedes)
haz	haga	haced	hagan
no hagas	no haga	no hagáis	no hagan

* hacé/no hagas (vos)
** hagan/no hagan (ustedes)

IR			
(tú)*	(usted)	(vosotros/as)**	(ustedes)
ve	vaya	id	vayan
no vayas	no vaya	no vayáis	no vayan

* andá/no vayas (vos)
** vayan/no vayan (ustedes)
También... irse

PONER			
(tú)*	(usted)	(vosotros/as)**	(ustedes)
pon	ponga	poned	pongan
no pongas	no ponga	no pongáis	no pongan

* poné/no pongas (vos)
** pongan/no pongan (ustedes)
También... ponerse

SALIR			
(tú)*	(usted)	(vosotros/as)**	(ustedes)
sal	salga	salid	salgan
no salgas	no salga	no salgáis	no salgan

* salí/no salgas (vos)
** salgan/no salgan (ustedes)

TENER			
(tú)*	(usted)	(vosotros/as)**	(ustedes)
ten	tenga	tened	tengan
no tengas	no tenga	no tengáis	no tengan

* tené/no tengas (vos)
** tengan/no tengan (ustedes)

VENIR			
(tú)*	(usted)	(vosotros/as)**	(ustedes)
ven	venga	venid	vengan
no vengas	no venga	no vengáis	no vengan

* vení/no vengas (vos)
** vengan/no vengan (ustedes)

uso *JUNIOR* intermedio

Usa el *Imperativo* también para...

Mira los usos del *Imperativo* en el tema 18

• **Dar o negar permiso:**

- *¿Puedo salir de clase?*

• *Sí, sal.*

- *¿Podemos poner música?*

• *No, no pongáis música.*

Ejercicios

1. Escribe las formas del *Imperativo* de los verbos siguientes:

	(tú)	(usted)	(vosotros/as)	(ustedes)
irse:				
afirmativa	....	....	....	....
negativa	....	....	....	....
ponerse:				
afirmativa	....	....	....	....
negativa	....	....	....	....

2. Da o niega permiso.

a. ¿Puedo salir de clase?   Sí,............*sal.*...........

b. ¿Puedo irme a casa ya?   No, ...*no te vayas*......... todavía.

c. ¿Podemos poner un vídeo?   Sí, ... un vídeo.

d. ¿Puedo hacer un crucigrama?   No, ... crucigramas en clase.

e. ¿Puedo poner música?   No, ... música.

f. ¿Podemos ir al lavabo?   No, ... ahora.

g. ¿Puedo decir algo?   No, ... nada.

h. Tengo frío. ¿Puedo ponerme el anorak?   Sí, ... el anorak.

i. Tenemos frío. ¿Podemos hacer un fuego? No, ... un fuego aquí.

j. ¿Podemos salir al recreo?   Sí, ...

3. ¿Qué dicen estas personas? Utiliza los verbos señalados en afirmativa o negativa.

decir · ir · poner · ponerse · tener · venir · hacer

(c) .... cuidado. Hay muchos coches.

(b) .... esta corbata. Estás más guapo.

(a) ¡..................... esa chaqueta! Es horrible.

(f) María, ... aquí.

(e) ¡..................... palabrotas!

(d) .... la mesa.

(i) .... la tele. Me duele la cabeza.

(h) .... tan rápido.

(g) .... un poco de ejercicio todos los días.

4. Completa las instrucciones de la profesora.

-

	Completa	*Completad*
a.	.... las frases, Jorge.	.... las frases, niños. (completar)
b.	.... las respuestas.	.... las respuestas. (comprobar)
c.	.... los errores.	.... los errores. (corregir)
d.	.... los errores.	.... los errores. (contar)
e.	.... la respuesta correcta.	.... la respuesta correcta. (elegir)
f.	.... el primer ejercicio.	.... el primer ejercicio. (no hacer)
g.	.... el segundo ejercicio.	.... el segundo ejercicio. (hacer)
h.	.... el libro.	.... los libros. (cerrar)
i.	.... aquí.	.... aquí. (venir)
j.	.... la ventana.	.... las ventanas. (no cerrar)
k.	.... la luz.	.... la luz. (no encender)
l.	.... los pies en la silla.	.... los pies en las sillas. (no poner)

5. Escribe las formas de *Imperativo afirmativo* y *negativo* de los verbos siguientes:

	(vos)	(usted)	(ustedes)
irse:			
afirmativa	....	....	....
negativa	....	....	....
ponerse:			
afirmativa	....	....	....
negativa	....	....	....

21 ¿Qué has hecho hoy?

¿Qué **ha pasado**?

Han marcado otro gol.

¿**Has comido** alguna vez carne de avestruz?

¿**Qué has hecho** hoy?

Me he quedado en casa. **No he ido** al cole.

No, nunca.

PRETÉRITO PERFECTO

	Presente de Indicativo de haber + participio pasado del verbo principal	
(yo)	he	
(tú)*	has	
(usted)	ha	estudiado
(él,ella)	ha +	bebido
(nosotros/as)	hemos	vivido
(vosotros/as)**	habéis	
(ustedes)	han	
(ellos/as)	han	

* (vos) habés estudiado/bebido/vivido
** (ustedes) han estudiado/bebido/vivido

- **Formación del participio pasado**
Verbos regulares:

estudiar → estudiado

beber → bebido

vivir → vivido

- **Algunos verbos irregulares:**

abrir → abierto   morir → muerto   escribir → escrito   ver → visto

decir → dicho   romper → roto   hacer → hecho   volver → vuelto

- **Verbos con** *se:* **levantarse, romperse…**

Me/te/se/nos/os/se + presente de *haber* + participio pasado → *Hoy me he levantado tarde.*

Juan se ha roto un brazo.

Usa el Pretérito Perfecto para:

- **Dar información sobre hechos recientes:**

- ¿Qué *ha pasado?*
- *Han marcado* otro gol.

Me he comprado una bici.

- **Hablar de lo que se ha hecho 'hoy' o 'este año/mes', 'esta mañana/tarde/semana':**

   - *¿Qué has hecho hoy?*
   - *Me he quedado en casa. No he ido al cole.*

   Esta mañana hemos tenido un examen.

- **Hablar de experiencias personales pasadas sin decir cuándo, con expresiones como 'alguna vez', 'nunca', 'dos veces':**

   ¿Has comido alguna vez carne de avestruz?

   No hemos estado nunca en Chile.

   Luis ha visto La guerra de las galaxias cuatro veces.

En Hispanoamérica no se usa mucho este tiempo. En su lugar, se usa el Pretérito Indefinido (ver Temas 22 y 23):

¿Qué ha pasado? → *¿Qué pasó?*

Ejercicios

1. Completa las frases con la forma correcta del *Pretérito Perfecto* de los verbos entre paréntesis:

a. Mis padres ....*se han levantado*............ muy pronto esta mañana. (levantarse)

b. ¿Quién .... ? (ganar)

c. ¿ .... ustedes en Cuba? (estar)

d. Mi hermano y yo .... *Solo en casa* cinco veces. (ver)

e. (Yo) .... nunca carne de serpiente. (comer)

f. ¿Quién .... la ventana? (abrir)

g. Juan .... una poesía preciosa. (escribir)

h. ¿ .... usted esta silla? (hacer)

i. Hans y Peter .... muchos años en España. (vivir)

j. ¿Dónde .... tu hermana y tú este verano? (estar)

k. .... el tío de Ana. Estaba muy enfermo. (morir)

2. ¿Qué ha hecho Paquita hoy? Utiliza los verbos señalados.

comer · desayunar · ducharse · escuchar · escribir · hacer · ir

jugar · levantarse · ver

a. *Se ha levantado* .... a las ocho.

b. ....

c. ....

d. .... al cole.

e. .... al baloncesto.

f. .... los deberes.

g. .... una carta a Rosa.

h. .... pizza.

i. .... la tele.

j. .... música.

3. Completa los espacios en blanco con los verbos entre paréntesis en forma afirmativa o negativa.

28 de marzo

Mi diario

Hoy _no he tenido_ .... (tener) un día muy bueno. .... (llegar) tarde al cole. .... (despertarse) tarde y .... (tener) dos clases y .... (ser) .... (hacer) un examen. El examen .... (salir) muy mal. dificilísimo. Me ....

Por la tarde me .... (llamar) unos amigos y .... (ganar) ningún .... (jugar) al tenis. .... (perder) todos. Después .... (estudiar) un poco. juego. Los .... (volver) a casa y ....

.... (ver) una peli muy aburrida en la tele; Después de cenar .... (gustar) nada. Luego mi padre me .... (decir) .... (preguntar) por el examen. Le .... (hacer) mal y que lo ....

(enfadarse) mucho.

33

4. ¿Qué ha pasado? Completa las frases con los verbos señalados.

aprobar · comer · comprarse · ganar · mancharse · romper · romperse · ser · ver

(a) ¡.............................. la pierna!

(b) ¡..............................!

(c) .... la camisa.

(d) Mira. .... un reloj.

(e) ¿Qué ....?

(f) ¿.............................. Drácula?

(g) .... un premio.

(h) ¿.............................. usted esta ventana?
No, ... ese chico.

(i) ¡..............................!

5. Completa el siguiente diálogo con los verbos señalados.

conocer · estar · hacer · jugar · nadar · preparar · tener

◆ ¿Qué *has hecho* .... este verano, Javi?

◆ .... en la playa con mis padres.

◆ ¿ .... mucho deporte?

◆ Sí, ... mucho en el mar y .... bastante al fútbol.

◆ ¿ .... muchos amigos?

◆ Sí, ... a gente de todo el mundo.

◆ ¿Y .... los exámenes de septiembre?

◆ No, ... mucho tiempo para estudiar.

6. Completa las frases en afirmativa o negativa según corresponda.

a. Hoy *me he levantado/no me he levantado* .... (levantarse) temprano.

b. Mi compañero/a .... (levantarse) hoy tarde.

c. Hoy .... (ir) al cole.

d. Hoy .... (tener) clase de matemáticas.

e. .... (escribir) un poema.

f. Mi compañero/a .... (leer) *Don Quijote*.

g. Mis padres .... (estar) en España.

h. Mi profesor/a .... (estar) en Argentina.

i. Esta semana .... (ir) al cine.

j. Esta semana .... (ver) mucho la televisión.

k. Hoy .... (ayudar) a mi madre en casa.

l. .... (comer) tortilla de patatas.

Juan de la Cierva **inventó** el autogiro en 1923.

Anoche **estudié** demasiado.

¿Qué **comisteis** ayer?

Los Curie **descubrieron** el radio en 1902. **Recibieron** el Premio Nobel de Física en 1903.

PRETÉRITO INDEFINIDO: VERBOS REGULARES ······

	ESTUDIAR	COMER	ESCRIBIR
(yo)	estudié	comí	escribí
(tú)	estudiaste	comiste	escribiste
(usted)	estudió	comió	escribió
(él,ella)	estudió	comió	escribió
(nosotros/as)	estudiamos	comimos	escribimos
(vosotros/as)	estudiasteis	comisteis	escribisteis
(ustedes)	estudiaron	comieron	escribieron
(ellos/as)	estudiaron	comieron	escribieron

Usa *el Pretérito Indefinido* para:

- **Hablar de acciones o hechos pasados, con expresiones de tiempo como *ayer, anoche, la semana pasada, hace tres meses, en 1923* o *en el siglo XV.***

  Cervantes nació en Alcalá de Henares en 1547.

  La semana pasada vimos una película española.

  Ayer comí mucho.

  ¿A qué hora os acostasteis anoche?

Ejercicios

1. Escribe el *Pretérito Indefinido* de estos verbos.

	pintar	levantarse	nacer	descubrir
(yo)	....	....	....	....
(tú)	....	....	....	....
(usted)	....	....	....	....
(él, ella)	....	....	....	....
(nosotros/as)	....	....	....	....
(vosotros/as)	....	....	....	....
(ustedes)	....	....	....	....
(ellos/as)	....	....	....	....

2. Completa las frases con los verbos señalados.

descubrir · escribir · inventar · nacer · pintar · quedarse · recibir

ⓐ
.... el
Guernica en 1937.

ⓑ
¿Cuándo
.... usted
Romeo y Julieta?

ⓒ
Mi hermano y yo
.... el cine
en 1895.

ⓓ
.... en Parral
(Chile) en 1904, y

.... mi primer
poema en 1911, a los
siete años.

ⓔ
¿Y cuándo
....
el Premio Nobel?

....
la penicilina en 1928.

En 1945.

ⓕ
.... ciego a
los tres años,

e ....
el sistema Braille en 1829.

3. ¿Quién hizo qué?

Marco Polo ★ Roald Amundsen ★ Marie Curie ★ Cristóbal Colón ★ Edmund Hillary ★ Neil Amstrong y Edwin Aldrin ★ Guglielmo Marconi ★ Vasco da Gama ★ Leonardo da Vinci ★ Julio Verne ★ Velázquez ★ Alexander Bell ★ Los chinos ★ Francisco de Orellana ★ Los portugueses

inventar ✦ escalar ✦ ganar ✦ explorar ✦ pintar ✦ descubrir ✦ llegar ✦ escribir ✦ viajar ✦ diseñar

a. *Cristobal Colón llegó* .... a América en 1492.

b. *Neil Amstrong y Edwin Aldrin llegaron* .... a la luna en 1969.

c. .... un helicóptero en el siglo XV.

d. .... al Polo Sur en 1911.

e. .... el teléfono en 1876.

f. .... dos veces el Premio Nobel, en 1903 y en 1911.

g. .... a China en el siglo XIII.

h. .... las costas de África en el siglo XV.

i. .... la imprenta en el siglo XI.

j. .... el Everest en 1953.

k. .... la radio en 1902.

l. .... el Amazonas en el siglo XVI.

m. .... *Las Meninas* en 1656.

n. .... *De la Tierra a la Luna* en 1865.

ñ. .... una ruta a India en 1498.

4. Completa las frases en afirmativa o negativa, según tu caso. Usa los verbos señalados.

acostarse · beber · comer · conocer · estudiar · gastarse · levantarse

nacer · pasar · salir · ver

a. Anoche .....*vi/no vi*..... una película en la tele.

b. El mes pasado .... mucho dinero.

c. Ayer .... pescado.

d. Mis padres .... en el siglo XX.

e. El domingo pasado .... temprano.

f. Anoche .... español.

g. El domingo pasado .... por la noche.

h. Ayer .... mucha coca-cola.

i. Mi compañero/a y yo .... juntos anoche.

j. Mis padres y yo .... en casa el domingo.

k. El sábado pasado .... con unos/as amigos/as.

l. Mis padres .... en la universidad.

m. El año pasado .... las vacaciones en la playa.

n. Anoche .... tarde.

ñ. El domingo pasado .... a unos nuevos/as amigos/as.

¿Qué **hicisteis** anoche?

Fuimos al cine.

Juan Sebastián Elcano **fue** un navegante español. **Dio** la vuelta al mundo en 1519-1522 y **murió** en el Océano Pacífico en 1526.

Mis abuelos **tuvieron** diez hijos.

Los Incas **construyeron** Machu Picchu en el siglo XIII.

PRETÉRITO INDEFINIDO: ALGUNOS VERBOS IRREGULARES···

	(yo)	(tú)	(usted,él/ella)	(nosotros/as)	(vosotros/as)	(ustedes,ellos/as)
PEDIR	pedí	pediste	pidió	pedimos	pedisteis	pidieron

También… mentir, preferir, sentir.

	(yo)	(tú)	(usted,él/ella)	(nosotros/as)	(vosotros/as)	(ustedes,ellos/as)
DORMIR	dormí	dormiste	durmió	dormimos	dormisteis	durmieron

También… morir.

	(yo)	(tú)	(usted,él/ella)	(nosotros/as)	(vosotros/as)	(ustedes,ellos/as)
LEER	leí	leíste	leyó	leímos	leísteis	leyeron

También… construir.

	(yo)	(tú)	(usted,él/ella)	(nosotros/as)	(vosotros/as)	(ustedes,ellos/as)
ESTAR	estuve	estuviste	estuvo	estuvimos	estuvisteis	estuvieron
TENER	tuve	tuviste	tuvo	tuvimos	tuvisteis	tuvieron
HACER	hice	hiciste	hizo	hicimos	hicisteis	hicieron
QUERER	quise	quisiste	quiso	quisimos	quisisteis	quisieron
PONER	puse	pusiste	puso	pusimos	pusisteis	pusieron
VENIR	vine	viniste	vino	vinimos	vinisteis	vinieron
SER/IR	fui	fuiste	fue	fuimos	fuisteis	fueron
DAR	di	diste	dio	dimos	disteis	dieron

nundo

Recuerda que el Pretérito Indefinido se usa:

- **Para hablar de acciones o hechos pasados:**

  Los incas construyeron Machu Picchu en el siglo XIII.

  Anoche dormí diez horas.

- **En biografías:**

  Pablo Neruda fue un gran poeta chileno. Nació en Parral (Chile) en 1904. Empezó a escribir poesía muy joven. Durante muchos años fue embajador de Chile en Asia y Europa. En 1971 recibió el Premio Nobel de Literatura. Murió en Chile en 1973.

Ejercicios

1. Completa las biografías. Utiliza los verbos señalados.

dar · hacer · llegar · morir · nacer · partir· recorrer · regresar · ser

Colón ......*fue*...... un gran marino y explorador. .... en Génova (Italia) en 1451. Los Reyes Católicos españoles le .... el dinero para una expedición a las Indias. Pero Colón no .... a las Indias. El 3 de agosto de 1492 .... del puerto de Palos con tres barcos. .... una parada en las Islas Canarias y finalmente .... a la actual isla de San Salvador el 12 de octubre de 1492. Colón .... Cuba y Santo Domingo y .... a España. Posteriormente, Colón .... dos viajes más a América. .... en España en 1506.

empezar • morir • nacer • publicar • recibir • ser • trabajar

Gabriela Mistral .... en Vicuña (Chile) en 1889. .... a escribir muy joven y, a los quince años, ... sus primeros versos. Gabriela .... como maestra durante muchos años y .... cónsul de su país en Italia y Portugal. En 1922 .... su libro más famoso, *Desolación*. .... el Premio Nobel de Literatura en 1945 y .... en Nueva York (Estados Unidos) en 1957.

convertirse • hacer • ir • morir • nacer • ser

Mario Moreno "Cantinflas" .... en Ciudad de México (México) en 1911. De familia pobre, ... a la escuela únicamente unos años. Muy joven, ... bailarín en un teatro ambulante. En 1936 .... su primera película y muy pronto .... en el actor cómico más famoso de Latinoamérica. .... embajador de UNICEF durante muchos años, y .... en Ciudad de México en 1993.

2. ¿Qué hicieron el fin de semana pasado? Utiliza las expresiones señaladas.

dar un paseo · hacer los deberes · ir a la piscina · ir al cine · ir al circo

ir al fútbol · ir a una fiesta · jugar al tenis · salir con amigos · ver un vídeo

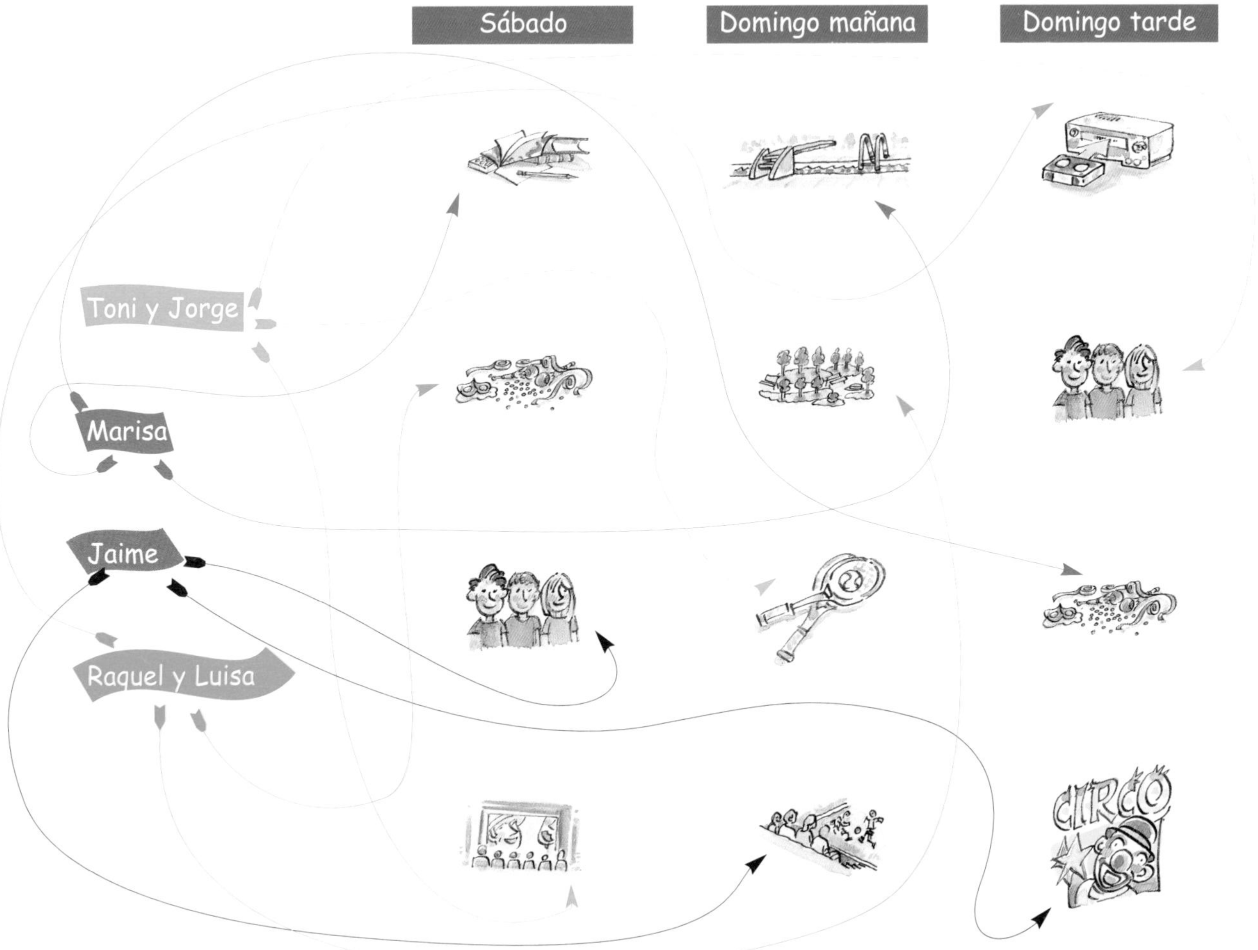

Sábado	Domingo mañana	Domingo tarde

Toni y Jorge

Marisa

Jaime

Raquel y Luisa

Toni y Jorge

ⓐ El sábado ....*fuimos al cine.*........... El domingo por la mañana .... y por la tarde ....

ⓑ El sábado .... El domingo por la mañana .... y por la tarde ....

Jaime

Marisa

ⓒ El sábado .... El domingo por la mañana .... y por la tarde ....

ⓓ El sábado .... El domingo por la mañana .... y por la tarde ....

Raquel y Luisa

3. **La policía está interrogando a un sospechoso de un robo. Completa las preguntas del inspector y las respuestas del sospechoso.**

▶ ¿Qué ....*hizo*....... (hacer) usted ayer por la tarde?

▶ .... (estar) toda la tarde con mi novia. Primero .... (ir) al

cine. .... (ver) una comedia italiana.

▶ ¿Qué .... (hacer) después?

▶ .... (ir) a un restaurante. Yo .... (pedir) espaguetis y mi

novia .... (pedir) una pizza.

▶ ¿Y adónde .... (ir) después?

▶ .... (dar) un paseo hasta casa de mi novia y luego me .... (ir)

a mi casa.

▶ ¿Y qué .... (hacer) allí?

▶ Nada. .... (acostarse) temprano, sobre las 11.

▶ Gracias. Esto es todo por ahora.

4. **Completa las frases en afirmativa o negativa, según tu caso. Usa los verbos señalados.**

dormir · estar · hacer · ir · ponerse · tener

a. Anoche ......*dormí/no dormí*...... mucho.

b. El domingo pasado .... al cine.

c. El verano pasado mis padres y yo .... a la playa.

d. Ayer .... en casa todo el día.

e. Mis abuelos .... muchos hijos.

f. Mi padre .... en España de joven.

g. Anoche .... los deberes.

h. El domingo pasado .... una camisa nueva.

5. Completa las preguntas con los verbos señalados.

alojarse · hacer · ir · subir · ver · viajar

▶ ¿Adónde ....*fuiste*..........de vacaciones

el año pasado?

▶ A Sicilia.

▶ ¿Con quién ....?

▶ Con mi familia.

▶ ¿Cómo .... hasta allí?

▶ .... en avión hasta Palermo.

▶ ¿Dónde ....?

▶ En un hotel.

▶ ¿ .... algo interesante?

▶ Sí, ... al Etna y

.... la lava del volcán.

▶ Y tú, ¿ .... muchos amigos?

▶ Sí, los italianos son muy simpáticos.

¡He aprobado matemáticas!   Nosotros **también**.

No sabes esquiar.   Tú **tampoco**.

¿Tienes dinero?   No.   Yo **tampoco**.

No tengo hambre.   Yo **sí**.

A mí me gusta el rock, pero a mi padre **no**.

¿Os gusta esta música?   A mí **no**.

A mí **sí**.

TAMBIÉN, TAMPOCO

(+) - Tengo dinero.
(+) • Yo también.

(-) - No tengo dinero.
(-) • Yo tampoco.

Yo, tú, usted, él, ella, nosotros/as,
vosotros/as, ustedes, ellos/as
Luis, Elsa, mi padre...

también/tampoco

(+) - Me gusta la música pop.
(+) • A mí también.

(-) - No me gusta la música clásica.
(-) • A mí tampoco.

A mí, a ti, a usted, a él/ella, a nosotros/as,
a vosotros/as, ustedes, a ellos/as
A Luis, a Elsa, a mi padre....

SÍ, NO

(+) - Tengo dinero.
(-) • Yo no.

(-) - No tengo dinero.
(+) • Yo sí.

Yo, tú, usted, él, ella, nosotros/as,
vosotros/as, ustedes, ellos/as
Luis, Elsa, mi padre...

sí/no

(+) - Me gusta la música pop.
(-) • A mí no.

(-) - No me gusta la música clásica.
(+) • A mí sí.

A mí, a ti, a usted, a él/a ella, a nosotros/as,
a vosotros/as, ustedes, a ellos/as
A Luis, a Elsa, a mi padre...

"A mí también"

Usa *también, tampoco…*

• **Para expresar coincidencia con la situación u opinión de otros:**

¡He aprobado *matemáticas!*	¡Nosotros también!
No tengo *dinero.*	Yo tampoco.
Me gusta *la música pop.*	A mí también.

Usa *sí, no…*

• **En respuestas breves:**

¿Os gusta *esta música?*	A mí sí.
	A mí no.

• **… o para expresar diferencia con la situación u opinión de otros:**

No tengo *hambre.*	Yo sí.
A mí me gusta *el rock pero* a mi padre no.	

Ejercicios

1. Completa los diálogos con frases con *también, tampoco*.

No tengo moto.

....

Soy brasileño.

....

Has suspendido.

....

Estáis enfermos.

....

A mi hermana le encanta bailar.

....

No me gusta el fútbol.

....

Tengo frío.

....

No sé hablar inglés.

....

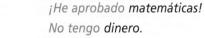

2. Completa los diálogos con frases con *sí, no.*

(a) Soy feliz.

....

(b) ¿Sabes esquiar?

No.

....

(c) ¿Te gusta el pescado?

No.

....

(d) A mí me gusta la música pop, pero

....

(e) ¿Os gusta bailar?

....

....

(f) No estoy cansado.

....

(g) Mi hermana sabe conducir.

....

(h) No me gusta la televisión.

....

3. Completa los diálogos.

		Documentales	Dibujos animados	Películas	Concursos	Noticias	Programas deportivos
	Daniel	✗	✓	✓	✗	✗	✓
	Isabel	✓	✗	✓	✓	✓	✗
	Miguel	✗	✓	✗	✗	✗	✓

a. Daniel: **A mí no me gustan los documentales, pero**

a Isabel sí ....

b. Daniel: **¿Os gustan los dibujos animados?**

Isabel: ...., pero

....

c. Isabel: **A mí me gustan las películas y**

....

d. Miguel: **A mí no me gustan los concursos, pero**

....

e. Miguel: **A mí no me gustan las noticias y**

....

f. Miguel: **¿Os gustan los programas deportivos?**

Daniel: ...., pero

....

4. Responde según tu caso.

a. Me gusta la música pop.

A mí también / A mí no.
....

b. Me gusta la música clásica.

....

c. No me gusta el chocolate. ....

d. No he aprobado las matemáticas. ....

e. Sé hablar francés. ....

f. No he visto *101 dálmatas*. ....

g. Estudio español. ....

h. He estado en España. ....

i. No sé hablar inglés. ....

j. No tengo dinero. ....

k. Estoy cansado. ....

l. Tengo hambre. ....

Actividades

1. EL PADRE DE ROSA ES PROFESOR

Prueba de memoria

Vuelve a leer los ejercicios 4, 5 y 6 (págs. 9 y 10)
y prepara algunas preguntas sobre ellos. Luego
házselas a un compañero.

¿Qué toca Agustín?

¿A qué es aficionado David?

¿Cómo va Miguel de Criptana a Alcázar?

2. VIVO EN LA CALLE ZURBANO

Concurso de geografía

Observa el mapa y prepara algunas preguntas
de geografía. Luego házselas a un compañero.

¿Cuál es la capital de Cuba?

¿Dónde están las cataratas de Iguazú?

3. UNAS AMIGAS BRASILEÑAS

Memoria visual

Observa a tus compañeros y escribe cinco frases verdaderas y cinco falsas sobre la ropa que llevan. Luego, díselas a un compañero. ¿Sabes cuáles son falsas y cuáles verdaderas?

João lleva unos pantalones verdes.

Falso. Lleva unos pantalones azules.

4. DEBAJO DE LA CAMA

Al escondite inglés

Esconde un billete de 5 euros en una parte de la cocina de la ilustración del ejercicio 2 (pág. 24). Luego contesta a las preguntas de tus compañeros con 'sí' o 'no'.
¿Quién encuentra el billete?

¿Está en la nevera?

No.

¿Está cerca de la cocina?

Sí.

¿Está detrás de la cocina?

Sí.

5. ¿QUIÉN VA PRIMERO?

¿Quién...?

Pregunta a tus compañeros y completa la tabla con diferentes nombres.

¿Quién...	Nombre
... es el primero de sus hermanos?	....
.... es el tercero de sus hermanos?	....
... cumple años el quinto mes del año?	....
... cumple años el octavo mes del año?	....
... vive en un segundo piso?	....
... vive en un séptimo piso?	....
... se sienta en la primera fila?	....
... se sienta en la segunda fila?	....

6. ES MÍO

Objetos personales

Completa el cuadro con los colores de algunos de tus objetos personales. Luego pregunta a tus compañeros.

	mochila	estuche	pluma	reloj	deportivas
(yo)	negra				
…					
…					

¿De qué color es tu mochila?

Negra. ¿Y la tuya?

La mía es azul./La mía es negra también.

¿Tenéis muchas coincidencias?

7. ALICIA ES MÁS ALTA QUE SU HERMANO

Los famosos y tú

Escribe algunas frases comparándote con un famoso o famosa.

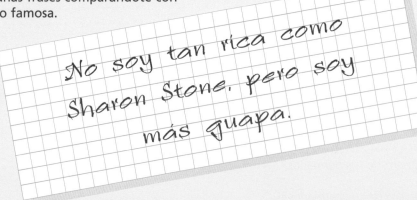

No soy tan rica como Sharon Stone, pero soy más guapa.

Díselo a tus compañeros. ¿Qué piensan?

Estoy de acuerdo.

No soy tan rica como Sharon Stone, pero soy más guapa.

Lo siento, no estoy de acuerdo. Sharon Stone es más guapa que tú.

8. EL RÍO MÁS LARGO DEL MUNDO ···················

El/la más de la clase

¿Quién es el/la más alto/a de la clase? ¿Y el/la más simpático/a?

a. Escribe frases sobre tus compañeros con los siguientes adjetivos:

alto • simpático • inteligente • guapo • estudioso • trabajador • educado • cariñoso
bueno en español • bueno en deportes

b. Habla con un compañero. ¿Está de acuerdo?

Hans es el más alto de la clase.

9. JUAN COME MUCHOS PASTELES ···················

¿Igual o diferente?

Compara la información del ejercicio 2
con un compañero. ¿En qué sois iguales?
¿En qué sois diferentes?

Yo como pocas verduras.

Yo también como pocas verduras.

Pues yo como muchas verduras.

10. ¿HAY UN CINE CERCA? ¿DÓNDE ESTÁ? ···········

Turistas: Observa el plano del ejercicio 3a (pág. 54) y juega con un compañero.

Alumno A: Eres un turista y quieres saber dónde están los siguientes lugares: la Oficina de Turismo, un banco, una parada de metro, una oficina de correos, la cafetería Brasil. Pregúntale a tu compañero.

Alumno B: Eres un vecino de la locali- dad. Un turista te pregunta por diferentes lugares. Dile dónde están.

11. TRABAJA EN UN BANCO ·················

¿Quién...?

Pregunta a tus compañeros y completa la tabla con diferentes nombres.

¿Quién...	Nombre
... se levanta antes de las siete?	....
... se ducha todas las mañanas?	....
... se lava el pelo todos los días?	....
... se cepilla los dientes todos los días?	....
... se baña los fines de semana?	....
... se viste antes de desayunar?	....
... come en casa durante la semana?	....

¿Te levantas antes de las siete?

Sí. Me levanto a las seis y media.

Informa a la clase.

Vinicius se levanta antes de las siete.

12. PREFIERO EL CINE ·················

Tu alma gemela

a. Completa estas frases con tu información:

Me despierto a las...

Me acuesto a las...

Duermo ...... horas.

Mido...

Peso...

Juego al...

De mayor quiero ser...

b. Pregunta a varios compañeros/as.
¿Quién es tu alma gemela? Informa a tu clase.

Mi alma gemela es... Nos despertamos a las...

13. ¿PONGO LA TELE?

Mentiroso.

Escribe un párrafo sobre ti, incluyendo tres mentiras. Luego habla con un compañero. ¿Sabe cuáles son las mentiras?

Me llamo Carmen y soy brasileña.
Tengo trece años.

Me llamo Carmen y soy brasileña.
Tengo trece años y...

Alto, mentirosa. No tienes trece años.
Tienes doce.

14. SIEMPRE HAGO LOS DEBERES

Preguntas escondidas

a. Tu profesor te va a hacer cinco preguntas sobre la frecuencia con que haces algunas cosas. Escribe la respuesta <u>antes</u> de oír las preguntas.

1. nunca
2. una vez al año

b. Escucha la pregunta y di la respuesta correspondiente:

¿Te lavas mucho?

Nunca.

c. Ahora prepara algunas 'preguntas escondidas' para tus compañeros.

15. HABLO INGLÉS Y FRANCÉS

Un compañero ideal

Copia el cuestionario sobre el tiempo libre del ejercicio 1 (pág. 75) y señala tus respuestas. Luego pregunta a un compañero/a. ¿Haces las mismas actividades que él/ella?

¿Ves la tele? ☑   ¿Ves vídeos? ☑

¿Lees libros? ☑   ¿Lees tebeos? ☑

¿Juegas al fútbol? ☑   ¿Juegas al tenis? ☒

¿Ves la tele o vídeos?

Veo la tele y veo vídeos. ¿Y tú?

16. ¿QUÉ ESTÁS HACIENDO?

Mímica

Haz algunas acciones con mímica. ¿Sabe
tu compañero qué estás haciendo?

Estás nadando.

17. ¿ADÓNDE VAS A IR ESTE VERANO?

El fin de semana

Elige una actividad de
cada recuadro para el fin
de semana.

Sábado

ir al cine

jugar al tenis

ir a la fiesta de Carlos

dar una vuelta

hacer los deberes

Domingo

ir a la disco

montar en bici

jugar con la videoconsola

ir a pescar

estudiar

Ahora busca a otros
compañeros que vayan
a hacer lo mismo.
¡Podéis hacerlo juntos!

¿Qué vas a hacer el sábado?

Yo voy a ir a la fiesta de Carlos.

Voy a ir al cine. ¿Y tú?

*Yo también voy a ir al cine.
Podemos ir juntos.*

18. NO HABLES EN CLASE

Con educación

Prepara unas instrucciones afirmativas
o negativas para tu compañero/a con
los verbos señalados. Luego juega con
él/ella a 'Con educación.'

abrir • bailar • beber • comer • correr • escribir •
hablar • lavarse • levantarse • mirar • nadar • subirse

Levántate.

Incorrecto.

Levántate, por favor.

Correcto.

No te levantes.

Correcto.